Buch: 200

1 Ernährung bei TCM- Blase - Feuchte Hitze in der Blase

Diese Empfehlungen bitte immer mit Ernährungsberater/in, Arzt oder Diätologen/in absprechen! Die Rezepte und Zutatenlisten unterstützen die medizinischen Therapien.

Die Kalorienangaben frischer Zutaten (Obst und Gemüse) und die Inhaltsstoffe schwanken je nach Qualität und Erntezeit. Die Inhalte wurden von einer Diätologin und einer Ernährungsberaterin für die Traditionelle Chinesische Medizin (TCM) geprüft.

Autor:
©2019 Josef Miligui

AF189510

Quelle:
Die Listen werden aus der EBNS-Datenbank für die Ernährungsberatung generiert. Die Datenbank wird von Ernährungsberater, Therapeuten und Ärzte für die Beratung der Patienten/Klienten verwendet und ermöglicht eine Kombination mehrerer Syndrome.

Literaturliste:
Wir haben die Unterlagen als Wissensbasis genutzt und an unsere Erfahrungen angepasst und ergänzt.
www.ebns.at

Herstellung und Verlag:
BoD – Books on Demand, Norderstedt
ISBN: 9783748128021

2 Therapiestrategie

Hitze und Feuchtigkeit beseitigen, Wasserwege öffnen. Heiß NEIN, warm NEIN (nur scharf JA), neutral und erfrischend JA (außer sauer NEIN), kalt bitter und salzig JA süß und sauer NEIN

3 Vermeiden

Bitteres, austrocknendes und alles was Feuchtigkeit erzeugt.

---

4 Speiseplan

Kkal p. Portion

4.1 Frühstück

4.2 Jause

4.3 Mittag

4.4 Nachmittag

4.5 Abend

4.6 Jederzeit

5 Rezepte

empfehlenswert = Sie können mehr verwenden
wenig = wenn möglich weniger verwenden
weniger als angegeben = möglichst nicht verwenden

5.1 Grapefruitsaft

Nährt Säfte, leitet nach unten, bildet Körperflüssigkeit.
Kochzeit 5 Min.
Kalorien p. Portion: 107
1 Portion

Zutaten:
Grapefruit/Pampelmuse/Pomelo 1 Glas / 250g. - kühl - süß, sauer .... ja

Kochanleitung:
Frische Grapefruit entsaften oder BIO-Fertigsaft verwenden.

5.2 Adzukibohnen-Reis-Suppe

Reduziert Feuchtigkeit, leitet nach unten, reduziert Magen-Darm-Hitze,
baut Essenz auf, stärkt Muskeln nach Hitze-Erkrankung: baut
Körpersäfte auf.
Kochzeit 2 Sunden
Kalorien p. Portion: 199
1 Portion

Zutaten:
Adzukibohnen 8 EL / 40g. - neutral - süß, sauer .... empfehlenswert
Reis Rundkornreis 2 EL / 20g. - neutral - süß .... empfehlenswert
Wasser 2 Tassen / 200g. - kühl - salzig .... ja
Honig 1 EL / 8g. - kalt - süß.. weniger als angegeben

Kochanleitung:
Eingeweichte Adzukibohnen und Rundkornreis im Verhältnis 4:1 so
lange bei kleiner Hitze in Wasser kochen, bis ein dünner Brei
entstanden ist. Nach Bedarf süßen; eventuell pürieren.
Wirkung: Dieses Rezept kräftigt Niere, Milz und Magen und ist
besonders für Mütter mit zu wenig Milchfluss geeignet.

5.3 Apfelmus mit Rosinen

Nährt Säfte, reduziert Magenhitze, stärkt Milz, harmonisiert Magen.
Befeuchtet, entspannt, baut Qi auf.
Kochzeit 25 Min.
Kalorien p. Portion: 74
10 Portionen
Allergene: O

Zutaten:
Apfel (süß) 1 Kg / 1000g. - kühl - süß, sauer...ja
Wasser 100 ml. / 100g. - kühl - salzig ....ja
Rosinen 50 g. / 50g. - warm - süß...ja

Kochanleitung:
Die Äpfel waschen, schälen, vierteln und dabei das Kerngehäuse
entfernen. Die Äpfel mit dem Wasser in einen Topf geben. Die Rosinen
mit heißem Wasser waschen und dazugeben. Bei schwacher Hitze
etwa 10 Minuten dünsten, dann abkühlen lassen. Für Kinder bis zu 10
Monaten das Mus im Mixer fein pürieren. Für die Größeren mit dem
Kartoffelstampfer zerdrücken. In Tiefkühlbeutel oder in leere
Joghurtbecher füllen und verschließen. Die Joghurtbecher
verschließen. Im Schockgefrierfach einfrieren und bei Bedarf bei
Zimmertemperatur etwa 6 Stunden auftauen lassen. (Ca. 4 Monate
haltbar).
Das Obstmus ist als Nachtisch oder Zwischenmahlzeit gedacht. Es
wirkt verdauungsfördernd. Bei Durchfall lieber Bananenmus geben.

5.4 Basmatireis + Zucchini-Tofupfanne

Diuretisch, wandelt Schleim um, reduziert Hitze, baut Qi auf. Nährt
Säfte, harmonisiert Milz und Magen, stärkt Lungen Qi.
Kochzeit 20 min.
Kalorien p. Portion: 146
4 Portionen
Allergene: E

Zutaten:
Soja Tofu 250 g. / 250g. - kühl - süß.....................................empfehlenswert
Olivenöl 2 EL / 6g. - kühl - süß... wenig
Koriander 1/2 TL / 4g. - warm - scharf...ja
Ingwer frisch 1/2 TL / 4g. - warm - scharf..ja
Reis Basmatireis 1/2 Tasse / 60g. - neutral - süß ....ja
Wasser 3 Tassen / 200g. - kühl - salzig ....ja
Zucchini 1 Stück / 700g. - kühl - süß...ja

Kochanleitung:
Tofu würfelig schneiden und mit Olivenöl, Tamari, zerstoßenem Koriander und Ingwer marinieren. Mindestens 1 Stunde ziehen lassen. Basmatireis mit dem Wasser kochen. Eventuell mit Zwiebel und Kardamom würzen.
Zucchini und Tofu in Pfanne im heißem Öl ca. 5-7 min anrösten.
Reis und Tofu mit Zucchini getrennt auf Teller servieren.
Petersilie dazugeben.
Kann kalt auch als Salat für zuhause und unterwegs genommen werden.

5.5 Belugalinseneintopf mit Gemüse

Tonisiert Qi und Blut, stärkt Nieren und Milz, leitet Feuchtigkeit und Hitze aus.
Kochzeit 20 min.
Kalorien p. Portion: 201
5 Portionen

Zutaten:
Linsen (Helmbohnen) 2 Tassen / 240g. - neutral - süß, sauer ....ja
Wasser 4-5 Tassen / 500g. - kühl - salzig ....ja
Karotte (Mohrrübe, Möhre) 3 Stück / 150g. - neutral - süß ....ja
Lauch (Porree) 1 Stück / 300g. - warm - scharf..ja
Kohlrabi 1/2 Stück / 200g. - neutral - scharf, süß ....ja
Tomate 2 Stück / 80g. - kalt - süß-sauer ....weniger als angegeben
Zwiebel weiss 1 Stück / 50g. - warm - scharf ....ja
Lorbeerblatt 2 Blatt / 1g. - warm - scharf ....ja
Fenchel 1 Stück / 250g. - warm - süß, etwas scharf ....ja
Sternanis 2 Stück / 1g. - heiß - scharf ....ja
Wacholderbeere 6 Stück / 2g. - warm - süß, scharf, bitter ....ja
Chili (gemahlen) 1 Prise / 0,2g. - heiß - scharf..............weniger als angegeben
Olivenöl 3 EL / 30g. - kühl - süß .... wenig
Salz 1 Prise / 1g. - kalt - salzig...ja
Ingwer frisch 1/2 TL / 2g. - warm - scharf...ja
Schwarzkümmel 1 Prise / 1g. - warm - scharf, süß ....ja

Kochanleitung:
Öl in heißem Topf erhitzen. Zwiebel andünsten und gewürfeltes Gemüse und Gewürze, Linsen (gut gewaschen) und Salz dazugeben. Mit kaltem Wasser ausreichend (3 Fingerbreit) bedecken und 20 min auf kleiner Flamme kochen.
Mit frischen Kräutern und Schwarzkümmel bestreuen
Passt sehr gut zu Reis!

5.6 Blitzschnelle Zucchinisuppe

Reduziert Schleim, bewahrt die Säfte, kühlt Leberhitze, stärkt Magen Qi.
Kochzeit 10 min
Kalorien p. Portion: 42
4 Portionen

Zutaten:
Zucchini 2-3 Stück / 500g. - kühl - süß ....ja
Zwiebel weiss 1 Stück / 50g. - warm - scharf ....ja
Maiskeimöl 2 EL / 6g. - neutral - süß ....ja
Petersilie 1 EL / 7g. - warm - bitter ....ja
Lauchzwiebel Schnittlauch 1 TL / 3g. - warm - scharf ....ja
Wasser 1/2 Liter / 400g. - kühl - salzig ....ja

Kochanleitung:
Gehackte Zwiebel in Öl andünsten. In Scheiben geschnittene Zucchini dazugeben und gut andünsten. Mit Wasser aufgießen. Petersilie und Schnittlauch grob hacken, hinzufügen und alles pürieren.

5.7 Brennnessel mit Mangold Suppe

Leitet Feuchtigkeit nach unten aus, stärkt Blut, kühlt Leberhitze.
Kochzeit 30 Min.
Kalorien p. Portion: 52
4 Portionen

Zutaten:
Brennnessel 1 Handvoll / 10g. - neutral - bitter ....ja
Mangold 1/2 Kg. / 500g. - kühl - bitter, süß ....ja
Salz 1 Prise / 1g. - kalt - salzig ....ja
Wasser 1/2 Liter / 400g. - kühl - salzig ....ja
Olivenöl 1 EL / 10g. - kühl - süß .... wenig
Pfeffer gemahlen 1 Prise / 0,5g. - warm - scharf .... weniger als angegeben

Kochanleitung:
In einem Topf das Öl erhitzen, den gewaschenen und fein geschnittenen Mangold dazugeben. Salzen und 10 Min. köcheln lassen. Die gehackten Brennnesseln dazugeben und weitere 10 Min. kochen. Pfeffer dazugeben und pürieren.

5.8 Champignonreis

Stärkt Milz, baut Qi auf, leitet Hitze nach unten. Stärkt Magen-Qi. Kühlt Bluthitze.
Kochzeit 30 Min.
Kalorien p. Portion: 410
2 Portionen
Allergene: L

Zutaten:
Zwiebel weiss 1 Stück / 50g. - warm - scharf .... ja
Lorbeerblatt 2 Stück / 1g. - warm - scharf .... ja
Nelke 2 Stück / 1g. - warm - scharf .... ja
Grundrezept für eine Gemüsebrühe nahrhaft 400 g. / 350g. - neutral - * .... ja
Reis Vollkorn 200 g / 200g. - warm - süß .... ja
Champignon 60 g. / 60g. - kühl - süß .... ja
Petersilie 20 g. / 20g. - warm - bitter .... ja
Pfeffer gemahlen 1 Prise / 0,2g. - warm - scharf .... weniger als angegeben

Kochanleitung:
Die Nelken in die Zwiebel stecken. Die Gemüsebrühe mit der Zwiebel und den Lorbeerblättern zum Kochen bringen. Den Reis in die kochende Flüssigkeit geben, Temperatur auf die kleinste Stufe zurückschalten und mit geschlossenem Deckel 20-25 Minuten garziehen.
In der Zwischenzeit die Champignons waschen, putzen, in Scheiben schneiden, mit wenig Wasser kurz andünsten oder anbraten. Die Petersilie waschen und fein hacken.
Aus dem fertigen Reis die Zwiebel herausnehmen, die Champignons und die Petersilie hinzugeben, mit Pfeffer abschmecken.

5.9 Dicke Erbsensuppe für den Winter

Nährt Qi, diuretisch, harmonisiert Qi (v.a. im Mittleren und Unteren Erwärmer). Stärkt die Niere und das Abwehr-Qi; erwärmt. Leitet Feuchtigkeit aus.
Kochzeit 2-3 Stunden
Kalorien p. Portion: 123
3 Portionen
Allergene: AN

Zutaten:
Erbse, grün 150 g. / 150g. - neutral - süß.. ja
Wasser 600 ml. / 550g. - kühl - salzig .... ja
Sesamöl 1 EL / 20g. - kühl - süß .... wenig

Zwiebel weiss 1/2 Stück / 25g. - warm - scharf .... ja
Ingwer frisch 1/2 TL / 1g. - warm - scharf .... ja
Kümmel 1/2 TL / 1g. - warm - scharf .... ja
Hafer Schrot 1 EL / 15g. - warm - süß .... ja
Salz 1 Prise / 1g. - kalt - salzig .... ja
Petersilie 1 Stängel / 2g. - warm - bitter .... ja

Kochanleitung:
Erbsen vorher einweichen; in einem heißen Topf Sesamöl, Zwiebel, etwas Haferschrot, Ingwer und Kümmel andünsten; Erbsen zugeben und 2-3 Stunden köcheln; am Schluss Salz zugeben; mit Petersilie garnieren.

5.10 Fischsuppe mit Rosmarin

Kräftigt Nieren-Qi; nährt Blut und Säfte; fördert das Wasserlassen. Reguliert Qi, trocknet aus, leitet nach unten. Stärkt Milz und Leber, reguliert Qi-Fluss, befeuchtet, entspannt, baut Qi auf, verteilt.
Kochzeit 30 Min.
Kalorien p. Portion: 271
4 Portionen
Allergene: DLO

Zutaten:
Grundrezept für eine Fischbrühe 1/2 Liter / 500g. - kühl - * .... ja
Rosmarin 1/2 Bund / 7g. - warm - bitter .... empfehlenswert
Zwiebel Frühlingszwiebel 1 Stück / 20g. - warm - scharf .... ja
Olivenöl 2 EL / 35g. - kühl - süß .... wenig
Fischstücke gemischt (Süßwasser) 250 g. / 250g. - warm - süß, salzig .... ja
Karotte (Mohrrübe, Möhre) 1 Stück / 120g. - neutral - süß .... ja
Pastinake 1 Stück / 180g. - kühl - bitter .... ja
Sellerie Knolle 1 Scheibe / 20g. - kühl - süß .... ja
Salz 1 Prise / 1g. - kalt - salzig .... ja
Pfeffer Körner 2 Stück / 1g. - warm - scharf .... weniger als angegeben
Knoblauch 1 Zehe / 3g. - heiß - scharf .... weniger als angegeben

Kochanleitung:
Die Zwiebel und Knoblauch in dem Öl glasig braten. Mit Fischbrühe aufgießen. Gewürfelte Karotte, Pastinaken und Sellerie hinzugeben. Mit Salz und Pfefferkörnern würzen. Die Suppe 25 Min. bei schwacher Hitze köcheln lassen. Den Fisch waschen, mit Zitronensaft beträufeln, in Stücke teilen und mit dem abgezupften Rosmarin in die Suppe geben. Alles 5 Min. bei schwacher Hitze garen. Schnittlauch und Petersilie dazugeben und die Suppe mit dem Salz abschmecken.

5.11 Gemüse-Kartoffel-Fleisch-Brei

Stärkt Milz und Leber, reguliert Qi-Fluss, befeuchtet, entspannt, baut Qi auf, verteilt. Stärkt Qi, lindert Entzündungen, befeuchtet, entspannt, baut Qi auf, verteilt.
Kochzeit 30 Min.
Kalorien p. Portion: 127
2 Portionen

Zutaten:
Kartoffel 100 g. / 100g. - neutral - süß..ja
Karotte (Frühkarotte) 200 g. / 200g. - neutral - süß.....................................ja
Rind (Kalb) 40 g. / 40g. - neutral - süß..ja
Marillensaft 6 EL / 60g. - warm - süß .... wenig
Rapsöl 1 EL / 6g. - neutral - süß .... wenig

Kochanleitung:
Das Fleisch von Haut, Sehnen, Fettresten befreien, unter kühlem Wasser abwaschen und in kleine Stücke schneiden und in wenig Wasser gar kochen. Nach ca. 15-20 Minuten, herausnehmen und pürieren. Das Gemüse und die Kartoffeln waschen, schälen und in nicht zu kleine Stücke schneiden. Mit wenig Wasser auf kleiner Flamme in 10-20 Minuten weich kochen. Mit dem Pürierstab das Gemüse zerkleinern und alles vermischen. Alles mischen, Butter oder Öl und Obstsaft hinzu geben und nochmals pürieren.

Verwenden Sie abwechselnd andere Fleischsorten wie Huhn, Lamm oder Pute. Wechseln Sie auch beim Gemüse mit Zucchini, Kohlrabi, Fenchel, Kürbis, Pastinaken und Broccoli.

Wechseln Sie auch die Obstsäfte. Dadurch kann eine Vielfalt an Geschmacksrichtungen erzeugt werden.

5.12 Gemüse-Miso-Suppe mit Tofu

Stärkt Milz und Leber, reguliert Qi-Fluss, befeuchtet, entspannt, baut Qi auf, verteilt. Stärkt Qi, stärkt Leber und Niere, reduziert feuchte Hitze, entgiftet, nährt Säfte, reduziert innere Hitze, trocknet aus, leitet nach unten.
Kochzeit 15 Min.
Kalorien p. Portion: 107
4 Portionen
Allergene: EN

Zutaten:
Sesamöl 2 EL / 35g. - kühl - süß .... wenig
Zwiebel Schalotte 1 Stück / 20g. - warm - scharf, süß .... ja
Karotte (Mohrrübe, Möhre) 1 Stück / 70g. - neutral - süß .... ja
Lauch (Porree) 5 cm / 10g. - warm - scharf .... ja
Wasser 3/4 Liter / 750g. - kühl - salzig .... ja
Endiviensalat 2 EL / 30g. - neutral - bitter .... ja
Soja Tofu 2 EL / 30g. - kühl - süß ....empfehlenswert
Ingwer frisch 1/2 TL / 1g. - warm - scharf .... ja
Miso 2 EL / 15g. - neutral - salzig .... ja

Kochanleitung:
In Sesamöl erst Zwiebeln, dann Karotten und etwas Lauch dünsten;
Wasser aufgießen und mild köcheln; Sojasprossen und Endivienblätter
zugeben und ziehen lassen; Tofu Würfel, etwas Ingwer hineingeben;
am Schluss in etwas abgekühltem Kochwasser gelöstes Miso
einrühren.

5.13 Geröstete Hirse mit Stangensellerie

Stärkt Milz und Niere, diuretisch. Bewegt Leber-Qi, kühlt Hitze,
befeuchtet, entspannt, baut Qi auf, verteilt.
Kochzeit 30 min
Kalorien p. Portion: 400
2 Portionen
Allergene: L

Zutaten:
Hirse 1 Tasse / 120g. - kühl - süß, salzig .... ja
Wasser 2 Tassen / 240g. - kühl - salzig .... ja
Sellerie Stangensellerie 2 Stangen / 50g. - kühl - süß ....empfehlenswert
Wasser 2 EL / 30g. - kühl - salzig .... ja
Kräuter verschiedene 1 EL / 10g. - - * .... ja
Salz 1 Prise / 1g. - kalt - salzig .... ja
Salbei 3-4 Blätter / 2g. - kühl - bitter, scharf .... ja
Kresse 1 TL / 3g. - kühl - süß .... ja

Kochanleitung:
Hirse kurz anrösten, mit Wasser übergießen kurz aufkochen und 20
min. quellen lassen.
Stangensellerie klein schneiden und mit Wasser, Salz und frische
Kräuter 10 min. kochen und zu der Hirse geben. Frischen Salbei oder
Kresse kleingehackt drüberstreuen.

5.14 Gerstenbrei mit Cranberries

Stärkt Essenz. Stärkt Milz, kühlt Blase, diuretisch, entspannt, baut Qi auf, verteilt. Stärkt Mitte, befeuchtet Trockenheit.
Kochzeit 2 Stunden
Kalorien p. Portion: 152
4 Portionen
Allergene: A

Zutaten:
Wasser 10 Tassen / 1200g. - kühl - salzig ....ja
Gerste 1 Tasse / 120g. - kühl - süß, etwas salzig ....empfehlenswert
Ingwer frisch 2 Scheiben / 2g. - warm - scharf ....ja
Kardamom 3 Kapseln / 1g. - warm - scharf ....ja
Salz 1 Prise / 1g. - kalt - salzig ....ja
Cranberries 250 g. / 250g. - kühl - sauer..ja
Kakao 1 Prise / 1g. - warm - süß, bitter........................weniger als angegeben
Gerstenmalz 1 EL / 15g. - kühl - süß...ja
Zitronenmelisse (frisch) 2-4 Blätter / 3g. - kühl - sauer...............................ja

Kochanleitung:
Gerste mit Wasser, Ingwer und Kardamomkapseln in einem großen Topf aufkochen. Topf mit einem Deckel fest verschließen und auf kleiner Flamme etwa 2 Stunden lang kochen.
Für 2 Portionen vom gekochten Gerstenbrei etwa 2 Schöpflöffel in eine Schüssel geben. Mit Sonnenblumenkernen, Malz, Kakaopulver und einer Prise Salz verrühren. Frische Beeren in den Brei rühren und mit frischer Minze oder Melisse bestreut servieren.

Tipp: Der vorgekochte Gerstenbrei (ohne Früchte) kann gut im Kühlschrank aufbewahrt werden und sowohl für süße oder pikante Gerichte verwendet werden, z.B. mit gedünstetem Gemüse oder mit Kompott aus Früchten der Saison.

5.15 Gerstenbrei mit gedünsteter Birne

Befeuchtet Lunge, kühlt Hitze, reduziert heißer Lungenschleim, produziert Körpersäfte, befeuchtet, entspannt, baut Qi auf, verteilt. Stärkt Milz, kühlt Blase, diuretisch, befeuchtet Darm, entspannt, baut Qi auf, verteilt.
Kochzeit 25 Min.
Kalorien p. Portion: 114
5 Portionen
Allergene: A

Zutaten:

Wasser 10 Tassen / 1200g. - kühl - salzig .... ja
Gerste 1 Tasse / 120g. - kühl - süß, etwas salzig .... empfehlenswert
Ingwer frisch 2 Scheiben / 2g. - warm - scharf .... ja
Kardamom 3 Kapseln / 1g. - warm - scharf .... ja
Salz 1 Prise / 1g. - kalt - salzig .... ja
Birne 1 Stück / 200g. - kühl - süß, sauer .... wenig
Zucker Ursüße (Zuckerrohr) 1/2 EL / 5g. - kühl - süß .... wenig

Kochanleitung:

Die Gerste zu grobem Schrot mahlen und trocken anrösten. Heißes Wasser aufgießen, Ingwer und Kardamom hinzugeben und bei wenig Hitze zu einem Brei quellen lassen. Birne schälen und würfeln und mit wenig Wasser 10 Min. dünsten. Am Ende die gedünstete Birne, etwas Butter und Süßmittel zugeben.

Variante: Wenn es morgens schnell gehen soll, kann man an Stelle von Schrot Gerstenflocken verwenden.

5.16 Gerstenschrotsuppe

Wirkt neutral bis leicht erwärmend und entspannt den Qi-Fluss. Hilft bei Appetitlosigkeit und Durchfall durch Milz-Schwäche. Bei schwachem Milz-Qi sollte man häufig salzige Suppen zum Frühstück essen.
Kochzeit 25 Min.
Kalorien p. Portion: 265
2 Portionen
Allergene: A

Zutaten:

Gerste 1 Tasse / 120g. - kühl - süß, etwas salzig .... empfehlenswert
Salz 1 Prise / 1g. - kalt - salzig .... ja
Ingwer frisch 1/2 TL / 1g. - warm - scharf .... ja
Olivenöl 1 EL / 10g. - kühl - süß .... wenig
Petersilie 3 EL / 30g. - warm - bitter .... ja
Wasser 2 Tassen / 240g. - kühl - salzig .... ja

Kochanleitung:

Gerste in der Pfanne trocken rösten, anschließend zu Schrot mahlen und mit Wasser, etwas Salz und Ingwer zu einem Brei kochen. Vor dem Servieren Öl und Petersilie unterheben.
Variante: Man kann dem Gericht noch einen besseren Geschmack verleihen, wenn man es mit vorbereiteter Gemüse- oder Fleischbrühe kocht.

5.17 Getreidekaffee mit Kardamom

Trocknet aus, leitet nach unten.
Kochzeit 5 Min.
Kalorien p. Portion: 3
1 Portion

Zutaten:
Getreidekaffee 1 EL / 15g. - warm - bitter .... wenig
Kardamom 2 Kerne / 1g. - warm - scharf .... ja
Wasser 1 Tasse / 120g. - kühl - salzig .... ja

Kochanleitung:
Wasser, Kaffee, Zucker und Kardamom aufkochen und setzen lassen

5.18 Grundrezept für eine Fischbrühe

Kräftigt Nieren-Qi und Yin; nährt Blut und Säfte; fördert das
Wasserlassen.
Kochzeit 40 min.
Kalorien p. Portion: 128
5 Portionen
Allergene: DLO

Zutaten:
Fischstücke gemischt (Süßwasser) 300 g. / 300g. - warm - süß, salzig .... ja
Sellerie Knolle 120 g. / 120g. - kühl - süß .... ja
Lauch (Porree) 5 cm / 10g. - warm - scharf .... ja
Karotte (Mohrrübe, Möhre) 2 Stück / 150g. - neutral - süß .... ja
Weißwein 1/8 Liter / 125g. - kühl - süß, bitter, scharf .... weniger als angegeben
Zitrone 1/2 Stück / 50g. - kalt - sauer .... weniger als angegeben
Lorbeerblatt 2 Blätter / 2g. - warm - scharf .... ja
Pfeffer Körner 3 Stück / 2g. - warm - scharf .... weniger als angegeben
Olivenöl 1 EL / 10g. - kühl - süß .... wenig
Wasser 1/2 Liter / 450g. - kühl - salzig .... ja

Kochanleitung:
In Olivenöl klein geschnittenen Sellerie, Karotten und Lauch andünsten,
Lorbeerblatt und Pfefferkörner dazu geben, Fischstücke dazu geben
und kurz mitdünsten. Mit Wasser ablöschen, wenig Weißwein oder
Zitrone dazugeben. 30 Minuten sanft köcheln. Mehrmals den
entstehenden Schaum abschöpfen. Am Ende die Zutaten durch ein
Tuch sieben.

5.19 Gurkensuppe

Kühlt und befeuchtet, diuretisch, reduziert feuchte Hitze, entgiftet, entspannt, baut Qi auf, verteilt. Vertreibt Schleim, leitet nach unten, Aktiviert Wei Qi, stärkt Qi.
Kochzeit 20 min.
Kalorien p. Portion: 96
4 Portionen
Allergene: M

Zutaten:
Olivenöl 2 EL / 35g. - kühl - süß .... wenig
Gurke 2 Stück / 400g. - kalt - süß...empfehlenswert
Wasser 1/2 Liter / 500g. - kühl - salzig ....ja
Salbei 3 Blätter / 3g. - kühl - bitter, scharf ....ja
Senf 1/2 TL / 0,5g. - warm - ....ja
Koriander 1 Prise / 1g. - warm - scharf..ja
Kardamom 1 Prise / 1g. - warm - scharf..ja
Salz 1 Prise / 1g. - kalt - salzig ....ja

Kochanleitung:
Öl erhitzen, die klein geschnittenen Gurken kurz anrösten. Senfkörner, Koriander, Kardamom und Salz dazugeben und kurz dünsten. Mit dem Wasser übergießen. 10-15 min. köcheln lassen. Pürieren und mit frisch gehacktem Salbei dekorieren.

5.20 Hafer-Congee

Stärkt Qi, stärkt Leber und Milz, befeuchtet Darm, beseitigt Schleim, hält Schweiß zurück.
Kochzeit 2-4 Stunden
Kalorien p. Portion: 162
3 Portionen
Allergene: A

Zutaten:
Hafer 1 Tasse / 125g. - warm - süß..ja
Wasser 6 Tassen / 700g. - kühl - salzig ....ja

Kochanleitung:
Man kocht Hafer und Wasser in einem Verhältnis von etwa 1:6. Die Menge des Wassers bestimmt die Dicke des Breis (reine Geschmackssache). Der Hafer quillt auf, nehmen Sie also nicht viel. Geben Sie den Hafer in einen Topf mit guter Isolierung und einem schweren Deckel. Wichtig ist, den Hafer nach kurzem Aufkochen nur

auf kleinster Flamme köcheln zu lassen, da er sonst anbrennt. Kochen Sie den Hafer 2-4 Stunden. Je länger er kocht, umso mehr stärkt er.

5.21 Hülsenfrüchte

Stärkt Milz und Leber, reguliert Qi-Fluss, befeuchtet, entspannt, baut Qi auf, verteilt. Nährt Blut und Qi, diuretisch, harmonisiert Qi (v.a. im Mittleren und Unteren Erwärmer), entgiftet. Reduziert innere Hitze und Feuchtigkeit.
Kochzeit 30 Min.
Kalorien p. Portion: 31
5 Portionen

Zutaten:
Pintobohnen gesprenkelt 100 g. / 100g. - neutral - süß ....ja
Linsen (Helmbohnen) 50 g. / 50g. - neutral - süß, sauer...............................ja
Erbse, grün 50 g. / 50g. - neutral - süß ....ja
Wasser 1 Liter / 1000g. - kühl - salzig ....ja
Zitrone 1 Scheibe / 2g. - kalt - sauer ....weniger als angegeben
Wacholderbeere 5 Stück / 2g. - warm - süß, scharf, bitter ....ja
Thymian 1 Zweig / 3g. - warm - bitter.......................................empfehlenswert
Rosmarin 1 Zweig / 3g. - warm - bitter ....empfehlenswert
Karotte (Mohrrübe, Möhre) 1 Stück / 100g. - neutral - süß............................ja
Bohnenkraut 1-2 TL / 5g. - warm - bitter..ja
Ingwer frisch daumengroßes Stück / 3g. - warm - scharf ....ja
Lorbeerblatt 2-3 Blatt / 1g. - warm - scharf..ja
Wakame 1-2 Streifen / 1g. - kalt - salzig...ja

Kochanleitung:
Hülsenfrüchte wie Bohnen, Linsen, Erbsen oder Kichererbsen werden in reichlich kaltem Wasser mehrere Stunden bis zu 3 Tagen eingeweicht. Alle 8 Stunden sollte dabei das Wasser gewechselt werden. Danach Einweichwasser wegschütten und Hülsenfrüchte gründlich waschen.
Zubereitung:
Hülsenfrüchte mit frischem kaltem Wasser und einer Ingwerscheibe aufsetzen und zum Schäumen bringen. Ohne Deckel ca. 5 min kochen lassen, dabei den Schaum, der sich bildet abschöpfen. Erst danach folgende Zutaten geben: eine Zitronenscheibe oder Zitronensaft, Wacholderbeeren zerdrücken, Thymian, Bohnenkraut, Salbei, Wacholder, Bockshornkleesamen, Karotte, Lorbeerblätter, frischer Ingwer, Wakamealge zugeben
Auf kleinster Flamme köcheln bis Bohnen oder Linsen die gewünschte Konsistenz haben. Diese Basis kann 3-4 Tage im Kühlschrank aufbewahrt werden.

5.22 Humus

Stärken Milz und Herz, weicht auf, leitet nach unten. Befeuchtet, entspannt, baut Qi auf, verteilt. Nährt Blut. Nährt Blut und Leber, harmonisiert Leber und Milz, stärkt Sehkraft, bewahrt die Säfte, zieht zusammen.
Kochzeit 2 Stunden
Kalorien p. Portion: 542
2 Portionen
Allergene: N

Zutaten:
Kichererbsen 2 Tassen / 240g. - kühl - süß, salzig ....ja
Wakame 1 TL zerrieben / 2g. - kalt - salzig ....ja
Ingwer frisch 1/4 TL / 1g. - warm - scharf...ja
Rosmarin 1 Prise / 0,5g. - warm - bitter..................................empfehlenswert
Sesam Paste (Tahini) 1 EL / 10g. - kühl - ....ja
Olivenöl 2 EL / 20g. - kühl - süß... wenig
Zitrone Saft 1 Spritzer / 2g. - kalt - sauer.....................weniger als angegeben
Wasser nach Bedarf / 0g. - kühl - salzig...ja
Knoblauch 1 Zehe geschabt / 2g. - heiß - scharf..........weniger als angegeben
Petersilie 1 TL gehackte / 2g. - warm - bitter..ja
Paprika 1 Prise / 0,2g. - kühl - süß.. wenig
Kurkuma (Gelbwurz) 1 Prise / 0,2g. - warm - bitter ....weniger als angegeben
Koriander 1 Prise / 0,2g. - warm - scharf..ja
Kardamom 1 Prise / 0,2g. - warm - scharf...ja
Chili (gemahlen) 1 Prise / 0,2g. - heiß - scharf.............weniger als angegeben
Pfeffer gemahlen 1 Prise / 0,2g. - warm - scharf..........weniger als angegeben
Salz Kräutersalz 1/2 TL / 2g. - kalt - ....ja

Kochanleitung:
Kichererbsen über Nacht oder mind. 6 Stunden einweichen, Einweichwasser weg gießen, in frischem Wasser ca. 1 - 1 ½ Std. mit wenig Meeresalge und Ingwer kochen, erkalten lassen.
Würzen mit einigen Spritzern Zitronensaft, Petersilie. Klein geschnittener oder gepresster Knoblauch mit Pfeffer würzen, je nach Belieben mehr oder weniger Koriander - und Kardamompulver, wenig Chili-Pulver. Tahin und Olivenöl hinzugeben.

Alle Zutaten zusammen pürieren. Je nach Konsistenz Wasser dazugeben. Es sollte eine geschmeidige Paste entstehen. Auf Getreideküchlein, Cracker oder getoastetes Brot streichen oder zu Salat genießen.

5.23 Indische Dalsuppe

Reduziert innere Hitze und Feuchtigkeit, weicht auf, leitet nach unten. Stärkt Milz und Leber, reguliert Qi-Fluss, befeuchtet, entspannt, baut Qi auf, verteilt, stärkt Leber und Niere, reduziert feuchte Hitze.
Kochzeit 30 Min.
Kalorien p. Portion: 256
2 Portionen
Allergene: EN

Zutaten:
Linsen (Helmbohnen) 175 g. / 175g. - neutral - süß, sauer..........................ja
Sesamöl 3 EL / 30g. - kühl - süß........................... wenig
Karotte (Mohrrübe, Möhre) 1 Stück / 100g. - neutral - süß...........................ja
Zwiebel Schalotte 1 Stück / 15g. - warm - scharf, süß ....ja
Wasser 2 Tassen / 200g. - kühl - salzig ....ja
Ingwer frisch 2 Scheiben / 1g. - warm - scharf...........................ja
Salz 1 Prise / 0,5g. - kalt - salzig...........................ja
Sojasauce 1 TL / 3g. - kalt - salzig ....ja
Petersilie 1 TL gehackte / 3g. - warm - bitter...........................ja
Thymian 1 TL / 3g. - warm - bitter...........................empfehlenswert
Basilikum 1 EL / 5g. - warm - scharf, bitter...........................ja

Kochanleitung:
Linsen über Nacht einweichen; in einen heißen Topf Öl geben; Karotte, Zwiebel, etwas Ingwer andünsten mit Wasser aufgießen; Linsen zugeben und weich kochen; Salz oder Sojasoße zugeben und weitere 10 Minuten kochen; vor dem Servieren Petersilie unterheben; Thymian oder Basilikum drüberstreuen.

Variante: Andere Kräuter wie Salbei, Rosmarin oder Liebstöckel ermöglichen eine Vielfalt von Geschmacksnuancen.

5.24 Kardamomwasser

Wärmt Mitte, löst Stagnation, leitet nach oben. Tonisiert das Nieren-Yang, nährt Knochen und Sehnen, wärmt Nieren und Milz; stärkt Magen, löst Blähungen, zusammenziehend, kontrolliert übermäßigen Harndrang, hilft bei Verdauungsschwäche.
Kochzeit 20 min.
Kalorien p. Portion: 16
4 Portionen

Zutaten:
Kardamom 2 EL / 18g. - warm - scharf...ja
Wasser 1 Liter / 1000g. - kühl - salzig..ja

Kochanleitung:
Kardamomkapseln in einem Mörser fein zerstoßen. Mit 1 l Wasser
aufkochen und 10 Min. bei mittlerer Hitze leise kochen.
Kardamomwasser durch ein Sieb in Gläser füllen und heiß servieren.

5.25 Karottenrohkost

Stärkt Milz und Leber, reguliert Qi-Fluss, befeuchtet, entspannt, baut Qi
auf, verteilt. Nährt Säfte, reduziert Magenhitze, stärkt Milz, produziert
Essenz, harmonisiert Magen. Kühlt
Hitze, bewahrt die Säfte, zieht zusammen.
Kochzeit 10 Min.
Kalorien p. Portion: 74
1 Portion

Zutaten:
Karotte (Mohrrübe, Möhre) 100 g. / 100g. - neutral - süß...............................ja
Apfel (süß) 1 Stück / 50g. - kühl - süß, sauer...ja
Zitrone Saft 2 TL / 3g. - kalt - sauer...........................weniger als angegeben
Zuckerersatz (Süßstoff) 1 g. / 1g. - kühl - süß.. wenig

Kochanleitung:
Zitronensaft mit Süßstoff verrühren. Die gewaschenen, dünn geschälten
Karotten und das Apfelstück in die Soße raspeln und untermischen.

5.26 Kartoffel mit Löwenzahnsalat

Stärkt Qi, stärkt Milz, lindert Entzündungen, befeuchtet, entspannt, baut
Qi auf, verteilt. Kühlt Leber-Hitze, reduziert innere Hitze, weicht Knoten
auf. Löst Stagnation, leitet nach unten. Nährt Säfte und Jing, baut Qi
auf, verteilt.
Kochzeit 25 min.
Kalorien p. Portion: 162
2 Portionen

Zutaten:
Kartoffel 250 g. / 250g. - neutral - süß..ja
Zwiebel weiss 1/2 Stück / 20g. - warm - scharf.....................................ja
Sonnenblumenöl 1 EL / 10g. - kühl - süß.. wenig
Löwenzahn (junger) 125 g. / 125g. - kühl - süß, bitter..............empfehlenswert
Salz 1 Prise / 1g. - kalt - salzig...ja
Pfeffer weiss (gemahlen) 1 Prise / 0,5g. - warm - scharf........................ wenig

Kochanleitung:
Die Kartoffeln in Salzwasser garen und in dünne Scheiben schneiden. Die Zwiebel fein hacken. Nun die Kartoffeln mit Öl, Salz und Pfeffer würzen und den Löwenzahn hinzugeben und mischen.

5.27 Kohlrabi in Kerbelsoße mit Kartoffeln

Stärkt Qi, stärkt Milz, lindert Entzündungen, entspannt, verteilt. Bewegt Qi und Blut, diuretisch. Stärkt Milz und Leber, reguliert Qi-Fluss. Kühlt Hitze. Reduziert inneren Wind, Feuchtigkeit, löst Stagnation, leitet nach oben.
Kochzeit 1 Stunde
Kalorien p. Portion: 188
4 Portionen
Allergene: GL

Zutaten:
Kartoffel 6 Stück / 450g. - neutral - süß..ja
Grundrezept für eine Gemüsebrühe nahrhaft 300 ml. / 300g. - neutral - *......ja
Kartoffel 100 g. / 100g. - neutral - süß...ja
Muskatnuss 1 Prise / 0,2g. - warm - scharf...................................... wenig
Zitrone Schale 1/2 TL / 2g. - kühl - bitter..ja
Ingwer frisch 1/2 TL / 2g. - warm - scharf..ja
Liebstöckel 1/2 TL / 2g. - warm - scharf, bitter....................................ja
Kohlrabi 300 g. / 300g. - neutral - scharf, süß....................................ja
Salz 1 Prise / 1g. - kalt - salzig...ja
Pfeffer gemahlen 1 Prise / 0,2g. - warm - scharf..........weniger als angegeben
Sauerrahm 15% Fett 3 EL / 30g. - kühl - sauer.............weniger als angegeben
Kerbel getrocknet 1 Bund / 80g. - warm - süß.................................... *

Kochanleitung:
Die Kartoffeln in Salzwasser weichkochen.
Die Hälfte der Gemüsebrühe zum Kochen bringen. Gewürfelte Kartoffeln, Muskat, Zitronenschale, Ingwer und Liebstöckel dazugeben. Kartoffeln zugedeckt ca. 10 Minuten weich kochen und alles mit dem Mixstab zu einer glatten Soße pürieren.
Restliche Gemüsebrühe zum Kochen bringen. Kohlrabi in Würfel

schneiden und hinzufügen und zugedeckt ca. 8 Minuten kochen. Die Kartoffelsoße unterrühren und alles kurz erhitzen.
Mit dem Mixstab Kerbel und Sauerrahm fein pürieren. Die Kerbelcreme mit dem Kohlrabigemüse vermischen.
Mit den gekochten, geschälten Kartoffeln anrichten.

5.28 Kohlrabi Zweierlei

Bewegt Qi und Blut, diuretisch, reduziert Feuchtigkeit. Stärkt Qi, stärkt Milz, lindert Entzündungen, befeuchtet, entspannt, baut Qi auf, verteilt. Stärkt Nieren-Jing.
Kochzeit 25 Min.
Kalorien p. Portion: 278
1 Portion
Allergene: CG

Zutaten:
Kohlrabi 1/2 Stück / 150g. - neutral - scharf, süß ....ja
Kartoffel 100 g. / 100g. - neutral - süß...ja
Butter Bio 1 EL / 10g. - neutral - süß...........................weniger als angegeben
Huhn Eigelb 1 Stück / 25g. - neutral - süß...ja

Kochanleitung:
Die Blätter vom Kohlrabi entfernen, die Knolle und die zartesten Blätter sowie die Kartoffeln gründlich waschen. Den Kohlrabi und die Kartoffeln schälen, in etwa 1 cm große Würfel schneiden. Die Hälfte der Butter in einem kleinen Topf zerlassen, den Kohlrabi und die Kartoffeln dazugeben und darin dünsten. Mit 2 Esslöffeln Wasser im geschlossenen Topf bei schwacher Hitze etwa 15 Minuten dünsten. Inzwischen die zartesten Kohlrabiblätter von den Stielen befreien und sehr fein hacken. Insgesamt sollten höchstens 2 Esslöffel Blattstückchen verwendet werden. Diese etwa 5 Minuten vor Ende der Garzeit zum Gemüse geben und mitkochen. Das Eigelb unterrühren und nochmals kurz aufkochen lassen. Das Gemüse in einen Teller füllen und mit der restlichen Butter und dem Eigelb vermischen.

5.29 Kürbissuppe

Stärkt Lunge und Milz, diuretisch, stärkt Qi, schützt Leber. Stärkt Qi, stärkt Milz, lindert Entzündungen, befeuchtet, entspannt, baut Qi auf, verteilt. Stärkt Milz und Leber, reguliert Qi-Fluss, befeuchtet, entspannt, baut Qi auf, verteilt.
Kochzeit 1 Stunde
Kalorien p. Portion: 105
3 Portionen

Zutaten:
Kürbis 300 g. / 300g. - warm - süß .... wenig
Karotte (Mohrrübe, Möhre) 2 Stück / 100g. - neutral - süß .... ja
Kartoffel 2 Stück / 120g. - neutral - süß .... ja
Olivenöl 1 EL / 10g. - kühl - süß .... wenig
Zwiebel weiss 1 Stück / 50g. - warm - scharf .... ja
Wasser 1 Tasse / 120g. - kühl - salzig .... ja
Petersilie 1 EL / 7g. - warm - bitter .... ja
Anis (gemeiner Fenchel) 1 Prise / 1g. - warm - scharf .... ja
Salz 1 Prise / 1g. - kalt - salzig .... ja

Kochanleitung:
Olivenöl in Pfanne geben, in Würfel geschnittener Kürbis, gewürfelte Karotten und Kartoffel dazugeben, kurz andünsten, klein geschnittene Zwiebel dazugeben, mit Wasser auffüllen, soviel Wasser, dass das Gemüse mind. 3 Fingerbreiten bedeckt ist, Aufkochen lassen und dann auf kleines Feuer stellen.

Mit Meersalz salzen, klein geschnittene Petersilie dazugeben, eine Prise Anis (wenig), evt. noch nachwürzen. Alles zusammen ca. 35 Minuten köcheln lassen. Anschließend die Suppe pürieren und evt. nochmals Wasser dazugeben, je nach Konsistenz der Suppe.

5.30 Misosuppe mit Tofu

Nähren die Säfte, bewahrt die Säfte, zieht zusammen. Nährt Säfte, lässt Qi aufsteigen, harmonisiert Milz und Magen, befeuchtet, entspannt, baut Qi auf, verteilt. Reguliert Qi, wärmt Milz und Niere, löst Stagnation, leitet nach oben.
Kochzeit 5 min.
Kalorien p. Portion: 51
3 Portionen
Allergene: E

Zutaten:

Wakame 1 Stück / 5g. - kalt - salzig .... ja
Miso 3-4 EL / 30g. - neutral - salzig .... ja
Soja Tofu 50 g. / 50g. - kühl - süß .... empfehlenswert
Wasser 1/2 Liter / 500g. - kühl - salzig .... ja
Sojasauce 1 Schuss / 3g. - kalt - salzig .... ja
Zwiebel Frühlingszwiebel 1/2 EL / 6g. - warm - scharf .... ja

Kochanleitung:

Wasser, Sojakeimlinge, Wakamealge und in Würfel geschnittenen Tofu 5 Min aufwärmen. Misopaste in Suppenteller geben und langsam mit heißer Suppe übergießen. Mit Tamari Sauce abschmecken. Eventuell Frühlingszwiebel dazu.

5.31 Mungbohnen-Eintopf

Leitet überschüssige Hitze aus; ist sehr nahrhaft. Reduziert Hitze und Gift, weicht auf, leitet nach unten. Wärmt Magen und Milz, harmonisiert den Darm, stärkt Qi-Funktion, reduziert Feuchtigkeit.
Kochzeit 2 Stunden
Kalorien p. Portion: 665
2 Portionen

Zutaten:

Mungbohne 1/4 Kg. / 300g. - kühl - süß, salzig .... empfehlenswert
Sonnenblumenöl 3 EL / 30g. - kühl - süß .... wenig
Amaranth 1/2 TL / 2g. - neutral - bitter, süß .... empfehlenswert
Fenchelsamen gemahlen 1/2 TL / 2g. - warm - .... ja
Cumin (Kreuzkümmel) 1/2 TL / 2g. - warm - scharf .... ja
Koriander 1/2 TL / 2g. - warm - scharf .... ja
Reis Rundkornreis 1/2 Tasse / 60g. - neutral - süß .... empfehlenswert
Wasser 3 Tassen / 300g. - kühl - salzig .... ja
Ingwer frisch 2 cm. / 3g. - warm - scharf .... ja
Kombualge 3 cm. / 2g. - kalt - salzig .... ja
Salz 1 Prise / 0,5g. - kalt - salzig .... ja
Petersilie 1 EL / 3g. - warm - bitter .... ja

Kochanleitung:

Mungbohnen über Nacht einweichen.
In einem heißen Topf Sonnenblumenöl erhitzen. Amaranth, Fenchelsamen, Cumin und Koriander einrühren und kurz anrösten.
Basmatireis, etwas Ingwer und Mungbohnen zugeben und kurz rösten.
Wasser aufgießen und aufkochen.
Ein Stück Kombu-Alge und Salz hineingeben. 1-1/2 Stunden köcheln.
Mit Petersilie oder Koriander grün garnieren.

5.32 Reis mit gedämpftem Gemüse

Leitet Hitze und Feuchtigkeit aus.
Kochzeit 20 min
Kalorien p. Portion: 166
2 Portionen
Allergene: L

Zutaten:

Reis Sorte beliebig 1/2 Tasse / 60g. - warm - süß ....ja
Wasser 3 Tassen / 300g. - kühl - salzig ....ja
Zitrone Schale 1 Stück / 3g. - kühl - bitter ....ja
Wasser 1/8 Liter / 0g. - kühl - salzig ....ja
Karotte (Mohrrübe, Möhre) 2 Stück / 180g. - neutral - süß...........................ja
Sellerie Stangensellerie 1/2 Stück / 5g. - kühl - süß.................empfehlenswert
Champignon 1/2 Tasse / 50g. - kühl - süß ....ja
Kresse 2 EL / 20g. - kühl - süß...ja
Leinöl 1 Schuss / 3g. - neutral - süß...................................... wenig

Kochanleitung:
Reis nach Grundrezept kochen. Ein Stück Zitronenschale mitkochen.
Wasser aufstellen und kleingeschnittene Karotten, Stangensellerie und
Champignons in Gemüseeinsatz dämpfen bis sie weich sind.
Anschließend mit Kresse bestreuen. Dann ein Schuss hochwertiges
kaltes Öl zugeben.

5.33 Reis mit Pastinake

Reguliert Qi, trocknet aus, leitet nach unten. Wärmt Magen und Milz,
harmonisiert den Darm, stärkt Qi-Funktion, reduziert Feuchtigkeit.
Befeuchtet, entspannt, baut Qi auf, verteilt. Vertreibt Schleim, leitet
nach unten, Aktiviert Wei Qi, stärkt Qi.
Kochzeit 45 Min.
Kalorien p. Portion: 206
3 Portionen

Zutaten:

Reis Sorte beliebig 1 Tasse / 120g. - warm - süß ....ja
Wasser 2 Tassen / 200g. - kühl - salzig ....ja
Salz 1 Prise / 1g. - kalt - salzig...ja
Pastinake 3-4 Stück / 450g. - kühl - bitter.......................................ja
Olivenöl 1 EL / 10g. - kühl - süß.. wenig
Salbei 1 TL / 3g. - kühl - bitter, scharf ....ja

Kochanleitung:
Pastinake schälen und in Scheiben schneiden. Kurz in Öl anbraten. Reis hinzugeben und kurz anbraten. Mit Wasser übergießen und mind. 30 min. kochen lassen. Mit wenig frischem gehacktem Salbei bestreuen.

5.34 Reisbrei mit Hiobsträne (Samen) Yi Yi Ren

Wärmt Magen, harmonisiert den Darm, stärkt Qi-Funktion, reduziert Feuchtigkeit. Stärkt Milz, nährt und stärkt Lunge, reduziert innere Hitze, beugt Krebs vor. Bewegt Qi und Blut, diuretisch, kühlt bei innerer Hitze.
Kochzeit 25 Min.
Kalorien p. Portion: 212
2 Portionen

Zutaten:
Wasser 4 Tassen / 450g. - kühl - salzig .... ja
Reis Sorte beliebig 1 Tasse / 120g. - warm - süß .... ja
Zitrone Schale 1/4 Stück / 2g. - kühl - bitter .... ja
Hiobsträne (Samen) YiYi Ren 1/2 Tasse / 50g. - kühl - süß, neutral .... empfehlenswert
Kresse 1 EL / 6g. - kühl - süß .... ja

Kochanleitung:
Reisbrei nach Grundrezept. Eine halbe Tasse Yi Yi Ren und Zitronenschale mitkochen. 1 Stunde köcheln und danach Kresse drüberstreuen.

5.35 Rosmarinkartoffeln

Stärkt Qi, stärkt Milz, lindert Entzündungen, baut Qi auf, verteilt.
Kochzeit 30 Min.
Kalorien p. Portion: 188
2 Portionen

Zutaten:
Kartoffel 6-8 Stück / 420g. - neutral - süß.. ja
Salz Kräutersalz 1 Prise / 1g. - kalt - .... ja
Olivenöl 1 EL / 10g. - kühl - süß .... wenig
Rosmarin 1 TL / 2g. - warm - bitter..empfehlenswert

Kochanleitung:
Kartoffeln in der Länge halbieren, wenig Olivenöl auf die Schnittfläche streichen, salzen, 2 - 3 Rosmarinnadeln auf jede halbe Kartoffel streuen, Kartoffeln auf Backblech stellen und im vorgeheizten Backofen ca. 25 Minuten auf 190 Grad backen.

5.36 Schwarzaugenbohnen-Eintopf

Stärkt Milz und Niere; ist sehr nahrhaft. Wärmt Magen und Milz, harmonisiert den Darm, stärkt Qi-Funktion. Stärken Magen und Niere, stärkt Milz und Niere.
Kochzeit 20 Min.
Kalorien p. Portion: 140
5 Portionen

Zutaten:

Schwarzaugenbohnen 1 Tasse / 100g. - neutral - süß, scharf.......................ja
Reis Sorte beliebig 2 Tassen / 200g. - warm - süß ....ja
Wasser 10 Tassen / 1000g. - kühl - salzig ....ja

Kochanleitung:
Bohnen über Nacht einweichen und abseihen.
In einem Verhältnis von 1:2 die Bohnen mit dem Reis zusammen weich köcheln. Je nachdem, wie heiß die Flamme ist und wie dünn das Gericht sein soll, muss mehr Wasser hinzugefügt werden.

Variante: In Öl angebratene Gemüse wie Karotten, Sellerieknolle, Zwiebeln oder Lauch dazugeben.

5.37 Smoothie Sellerie Karotte

Nährt Säfte, stärkt Milz und Leber, reguliert Qi-Fluss, entspannt, baut Qi auf, verteilt. Bewegt Leber-Qi, reduziert Kälte-Übel.
Kochzeit 10 Min.
Kalorien p. Portion: 111
2 Portionen
Allergene: L

Zutaten:

Karotte (Mohrrübe, Möhre) 200 g / 200g. - neutral - süß................................ja
Sellerie Stangensellerie 100 g. / 100g. - kühl - süß..................empfehlenswert
Apfel (süß) 200 g / 200g. - kühl - süß, sauer................................ja
Basilikum (frisch) 2 EL / 5g. - warm - scharf, bitter.........................ja
Ingwer frisch 5 g. / 5g. - warm - scharf......................................ja
Reishi 1 Prise / 1g. - kühl - süß..ja
Salz 1 Prise / 1g. - kalt - salzig..ja

Kochanleitung:
Gemüse waschen und putzen und in grobe Stücke scheiden. Alle Zutaten in einem Mixer oder mit dem Pürierstab fein pürieren.

5.38 Tee Bärentraubenblättertee

Kühlt feuchte Hitze in der Blase.
Kochzeit 10 Min.
Kalorien p. Portion: 0
4 Portionen

Zutaten:
Bärentraubenblätter 2 EL / 8g. - kühl - bitter ....weniger als angegeben
Wasser 1/2 Liter / 500g. - kühl - salzig ....ja

Kochanleitung:
Wasser zum Kochen bringen und wegstellen. Beerentraubenblätter
dazugeben und 10 min. ziehen lassen. Nach Geschmack mit Honig
süßen. Beim eingießen abseihen.

5.39 Tee Frauenmanteltee

Trocknet aus, leitet nach unten.
Kochzeit 10 min
Kalorien p. Portion: 0
1 Portion

Zutaten:
Frauenmantel 2 TL / 4g. - neutral - bitter...................empfehlenswert
Wasser 200 g / 200g. - kühl - salzig ....ja

Kochanleitung:
Für einen Tee verwendet man ca. 2 Teelöffel getrocknetes
Frauenmantelkraut und übergießt es mit 150 ml siedendem Wasser.
Den Aufguss lässt man 10 Minuten ziehen und seiht ihn dann ab. Den
Tee immer frisch zubereiten und trinken. Bei Beschwerden kann der
Tee drei- bis fünfmal am Tag getrunken werden. Bei
Durchfallerkrankungen sollte auf Zucker im Tee verzichtet werden, da
dieser den Durchfall verstärken kann. Frauenmantelkraut ist in der
Regel gut verträglich und kann daher über einen längeren Zeitraum
verwendet werden.

5.40 Tee Grüner

Reduziert innere Hitze, löst Schleim, entgiftet.
Kochzeit 10 Min.
Kalorien p. Portion: 2
1 Portion

Zutaten:

Grüner Tee 1 TL / 2g. - kühl - süß, bitter.................................empfehlenswert
Wasser 1 Tasse / 120g. - kühl - salzig ....ja

Kochanleitung:

Pro Tasse verwendet man einen Teelöffel voll oder einen Teebeutel. Grüntee nur mit 60 bis 80 °C heißem Wasser übergießen, da er sonst bitter wird. Soll der Tee eine anregende Wirkung haben, lässt man ihn zwei bis drei Minuten ziehen. Eher beruhigend wirkt er bei einer Ziehdauer von fünf Minuten (nicht länger, sonst wird er bitter!). Eine andere Methode: Man übergießt die Teeblätter mit ca. 70 °C heißem Wasser und gießt das Wasser sofort wieder ab. Dann einfach noch mal heißes Wasser nachgießen. Die Bitterstoffe verschwinden und der Tee bekommt ein milderes Aroma.

5.41 Tee Lavendelblütentee

Kochzeit 10 Min.
Kalorien p. Portion: 0
1 Portion

Zutaten:

Lavendelblüten 1 TL / 2g. - warm - scharf, bitter...*
Wasser 1 Tasse / 125g. - kühl - salzig ....ja

Kochanleitung:

Der Lavendelblütentee wird mit siedendem Wasser übergossen und zehn Minuten ziehen gelassen, absieben. Ev. mit Honig süßen.

5.42 Tee Löwenzahntee

Kühlt Leber-Hitze, reduziert innere Hitze, weicht Knoten auf.
Kochzeit 15 Min.
Kalorien p. Portion: 1
2 Portionen

Zutaten:

Löwenzahn (junger) 2-4 TL / 6g. - kühl - süß, bitter ....empfehlenswert
Wasser 1/2 Liter / 500g. - kühl - salzig ....ja

Kochanleitung:

Der kleingeschnittenen Löwenzahn wird mit kaltem Wasser übergossen. Das Ganze erhitzen bis es siedet und eine Minute kochen.

Anschließend zehn Minuten ziehen lassen, filtern und .. genießen. Nach Geschmack mit Honig süßen.

5.43 Tee Maishaar-Tee

Reduziert Feuchte Hitze in der Milz, Blase, Leber und Galle.
Kochzeit 10 Min.
Kalorien p. Portion: 0
3 Portionen

Zutaten:
Wasser 1/2 Liter / 500g. - kühl - salzig .... ja
Maishaartee 30 g. / 4g. - kühl - süß ....empfehlenswert

Kochanleitung:
Den Maishaartee in das Wasser geben und einige Minuten kochen lassen. Mit Honig süßen und trinken.

5.44 Tee Mischung gegen allgemeine Erschöpfung

Kochzeit 10 Min.
Kalorien p. Portion: 2
4 Portionen

Zutaten:
Zitronenmelisse (getrocknet) 2 TL / 3g. - kühl - sauer ....ja
Brombeerblätter 2 TL / 3g. - neutral - bitter .... *
Lavendelblüten 1 TL / 2g. - warm - scharf, bitter .... *
Wasser 2 Tassen / 500g. - kühl - salzig .... ja

Kochanleitung:
Je 2 g Melisse, Brombeerblätter, 1,5g Lavendelblüten. Ein Teelöffel der Kräutermischung mit einer Tasse kochendem Wasser übergießen, 10 Minuten zugedeckt stehen lassen, danach absieben. Dreimal täglich eine Tasse trinken.

5.45 Tee Rosmarintee

Trocknet aus, leitet nach unten. Stärkt Herz, Lunge und Milz-Qi, Stärkt Leber-Blut. Stärkt Herz-Yin. Vertreibt Milz Hitze/Kälte Feuchtigkeit. Stärkt Milz- und Nieren-Yang.
Kochzeit 15 Min.
Kalorien p. Portion: 1
4 Portionen

Zutaten:
Rosmarin 2-4 TL / 6g. - warm - bitter ....empfehlenswert
Wasser 1/2 Liter / 500g. - kühl - salzig ....ja

Kochanleitung:
Wasser zum Sieden bringen und wegstellen. Rosmarin dazugeben und 10 min. ziehen lassen. Ev. mit Honig süßen.

5.46 Tee Stangensellerietee

Bewegt Leber-Qi, kühlt Hitze, befeuchtet, entspannt, baut Qi auf, verteilt.
Kochzeit 15 Min.
Kalorien p. Portion: 1
4 Portionen
Allergene: L

Zutaten:
Sellerie Stangensellerie 2 EL gehackte / 18g. - kühl - süß........empfehlenswert
Wasser 1/2 Liter / 500g. - kühl - salzig ....ja

Kochanleitung:
Wasser zum Sieden bringen und wegstellen. Kleingeschnittene Stangensellerie dazugeben und 10 min. ziehen lassen. Ev. mit Honig süßen. Beim eingießen abseihen.

5.47 Tee Thymian-Tee

Wandelt Schleim um, stärkt Lunge und Milz, trocknet aus, leitet nach unten.
Kochzeit 10 Min.
Kalorien p. Portion: 0
4 Portionen

Zutaten:
Thymian 2 gehäufter TL / 6g. - warm - bitter ....empfehlenswert
Wasser 1/2 Liter Wasser / 500g. - kühl - salzig ....ja

Kochanleitung:
Das trockene Kraut wird mit kaltem Wasser zugestellt und einmal aufgekocht und abgeseiht.
2 bis 3 Tassen täglich schluckweise trinken

5.48 Tsampa

Reduziert innere Hitze, löst Schleim, entgiftet.
Kochzeit 5 Min.
Kalorien p. Portion: 140
2 Portionen
Allergene: A

Zutaten:
Tsampa (geröstetes Gerstenmehl) 4 EL / 30g. - kalt - süß, etwas salzig ....ja
Grüner Tee 1 Tasse / 120g. - kühl - süß, bitter ....empfehlenswert
Wasser 1 Tasse / 120g. - kühl - salzig ....ja

Kochanleitung:
Tsampa (tibetisch tsam pa) ist ein tibetisches Grundnahrungsmittel. Es besteht aus geröstetem Mehl, üblicherweise Gerste (nas rtsam). Tsampa wird traditionell mit Tee zubereitet. Zubereitung: Tsampa lässt sich schnell und einfach zubereiten, weswegen Sherpas, Nomaden und andere Reisende es gerne essen. Das Tsampa wird in eine Schüssel gefüllt und mit Tee übergossen, von dem ein Teil getrunken und der Rest mit dem Tsampa zu einer teigähnlichen Masse geformt wird. Man kann den Tee auch zuerst eingießen; in jedem Fall benötigt man ein gewisses Geschick, um das richtige Verhältnis von Tsampa und Flüssigkeit zu erreichen. Die beiden Stoffe werden normalerweise mit den Fingern gemischt. Es empfiehlt sich, Yakbutter zur Verbesserung von Geschmack und Stabilität hinzuzufügen.

5.49 Wärmende Karottensuppe

Stärkt Qi und wärmt Yang.
Kochzeit 30 min
Kalorien p. Portion: 133
3 Portionen
Allergene: HL

Zutaten:
Karotte (Mohrrübe, Möhre) 4 Stück / 250g. - neutral - süß.............................ja
Walnussöl 2 EL / 20g. - neutral - süß .... wenig
Zwiebel Schalotte 2 Stück / 40g. - warm - scharf, süß ....ja
Anis (gemeiner Fenchel) 1/2 TL / 1g. - warm - scharf ....ja
Muskatnuss 1 Prise / 1g. - warm - scharf.. wenig
Ingwer frisch 1/2 TL / 1g. - warm - scharf...ja
Salz 1 Prise / 1g. - kalt - salzig...ja
Grundrezept für eine Gemüsebrühe nahrhaft 1/2 Liter / 500g. - neutral - * .....ja
Petersilie 1 EL / 10g. - warm - bitter...ja

Kochanleitung:
In einem heißen Topf Walnussöl erhitzen und Zwiebeln anbraten; Karotten darin dünsten; Anis, Muskat, etwas Ingwer, Salz hinzufügen und alles weiter anbraten; Wasser oder Gemüse- bzw. Fleischbrühe zugeben; alles weich kochen und dann pürieren; am Ende Petersilie unterheben.

Empfehlung: Eignet sich für die kalte Jahreszeit, vor allem, wenn man als Flüssigkeit zum Aufgießen Fleischbrühe verwendet.

5.50 Zuckererbsensuppe mit Garnelen

Stärkt Milz und Leber, reguliert Qi-Fluss, Stärken die Mitte, diuretisch, harmonisiert Qi (v.a. im Mittleren und Unteren Erwärmer), stärkt Nieren-Qi und -Yang.
Kochzeit 15 Min.
Kalorien p. Portion: 215
3 Portionen
Allergene: BL

Zutaten:
Erbsen 250 g. / 250g. - neutral - süß, salzig..ja
Grundrezept für eine Gemüsebrühe nahrhaft 1/2 Liter / 500g. - neutral - *.....ja
Olivenöl 1 TL / 3g. - kühl - süß .... wenig
Zwiebel Frühlingszwiebel 1 Stück / 20g. - warm - scharf................................ja
Petersilie 1 Bund / 15g. - warm - bitter ....ja
Olivenöl 1 TL / 3g. - kühl - süß .... wenig
Garnele 8 Stück / 120g. - warm - salzig ....ja
Salz 1 Prise / 0,5g. - kalt - salzig..ja
Pfeffer gemahlen 1 Prise / 0,1g. - warm - scharf..........weniger als angegeben

Kochanleitung:
Erbsen in einem Topf mit Wasser weich kochen, abseihen und mit kaltem Wasser abschrecken. Die Petersilie klein hacken, zu den Erbsen geben und mit Gemüsebrühe aufgießen. Zwiebeln klein schneiden und in wenig Olivenöl glasig dünsten, zur Suppe geben und pürieren. Die ausgelösten Garnelen in Olivenöl kurz anbraten, in mundgerechte Stücke schneiden und in die Suppe geben. Mit Salz und Pfeffer abschmecken.

6 Wirkung der Lebensmittel

6.1 Zutaten verwenden: empfehlenswert

Adzukibohnen
Amaranth
Amaranth POPS
Angelikawurzel
Chicorée
Ente (Frühmastente, schlachtfrisch)
Ente (Herz)
Frauenmantel
Gerste
Gerste (Nacktgerste)
Gerste (Perlgerste)
Gerstengraupen
Gerstenmehl
Grüner Tee
Gurke
Hiobsträne (Samen) YiYi Ren
Kräuter bittere
Löwenzahn (junger)

Löwenzahnsaft
Löwenzahnwurzeltee
Maishaartee
Mungbohne
Mungbohnensprossen
Radicchio
Reis Rundkornreis
Reis Wilder (Naturreis)
Rosmarin
Sellerie Stangensellerie
Soja Tofu
Soja Tofu geräuchert
Sojabohnenmilch
Sojamehl
Soja-Nudeln
Thymian
Thymian getrocknet
Wassermelone

6.2 Zutaten verwenden: ja

Agar-Agar, Agartang
Agavendicksaft
Aloesaft
Anis (gemeiner Fenchel)
Apfel (süß)
Apfelmus
Apfelsaft (Naturtrüb)
Artischocke
Aubergine
Austern
Austernschalenpulver
Avocado
Banchatee
Barsch
Basilikum
Basilikum (frisch)
Bataviasalat
Bitterorangenschale
Blattsalate (bitter)
Blumenkohl (Karfiol)
Bocksdornfrüchte (Fructus Lycii) getrocknet
Bohnen (grün, frisch)
Bohnenkraut
Borretsch
Boxhornkleesamen
Brennnessel
Brokkoli

Buchweizen
Buschbohnen
Butterbohnen weiße
Calamari
Cashewnüsse
Champignon
Chenpi (chinesische Mandarinenschale)
Chinakohl
Chlorella (Süßwasser)
Cranberries
Cumin (Kreuzkümmel)
Curry
Currypaste rot
Dill
Dornhai (Seeaal, Schillerlocken)
Dorsch
Endiviensalat
Entenei
Enzianwurzel
Erbse, grün
Erbsen
Estragon
Fasan
Feige
Feige getrocknet
Fenchel
Fenchelsamen gemahlen

Fencheltee
Fisch Innereien
Fischreste
Fischstücke gemischt (Süßwasser)
Flaschenkürbis
Flunder
Forelle
Frischkäse aus Soja
Gans
Gans (Gänseklein)
Gans (Gänseschmalz)
Garnele
Gemüsesaft
Gerstengrütze
Gerstenmalz
Ginkgofrucht
Grapefruit getrocknete Schale
Grapefruit/Pampelmuse/Pomelo
Grapefruitsaft
Grundrezept für eine Entenbrühe
Grundrezept für eine Fischbrühe
Grundrezept für eine Gemüsebrühe
nahrhaft
Hafer
Hafer Flocken (Vollkorn)
Hafer Flocken geröstet
Hafer Mehl
Hafer Schmelzlocken (Babynahrung)
Hafer Schrot
Hase
Hase, wild
Haselnüsse
Hefe
Heilbutt
Hijiki
Hirse
Hirseflocken
Hokkaidokürbis
Holunderbeeren
Holunderblütentee
Huhn Eigelb
Huhn Fleisch
Ingwer frisch
Johannisbeere (rot)
Johannisbeere (schwarz)
Johannisbeere (weiß)
Johannisbrotkernmehl
Kaki-Pflaume
Kaninchen Fleisch
Kaninchen Leber
Karausche
Kardamom
Karotte (Frühkarotte)
Karotte (Mohrrübe, Möhre)

Karottensaft ohne Zucker
Karpfen
Kartoffel
Kartoffel (mehlige)
Kartoffelmehl
Kaviar
Kichererbsen
Kohlrabi
Kohlrübe
Kokosfett
Kombualge
Koriander
Koriandergrün
Kraeuter verschiedene Sorten
Kräuter der Provence
Kräuter verschiedene
Kräuter Wildkräuter
Kresse
Kümmel
Kümmel gemahlen
Kürbiskerne
Lachs
Lauch (Porree)
Lauchzwiebel Schnittlauch
Liebstöckel
Limabohnen
Linsen (Helmbohnen)
Linsen gelb
Linsen rot
Linsen schwarz
Loquate/Japanische Mispel
Lorbeerblatt
Lotossamen
Lotoswurzeln
Luohan-Frucht
Mais
Mais (geröstet)
Mais (Schnellpolenta)
Mais Gries (Polenta)
Mais Mehl (Maizena)
Maiskeimöl
Maisstärke
Majoran
Mandeln
Mangold
Marillen
Meereskrebs
Miesmuscheln
Miso
Miso schwarz (fermentiert)
Morchel (schwarz, getrocknet)
Mu-Erh-Pilz
Nelke
Nierenbohnen (rote)

Nori, Purpurtang, Rotalge
Oliven
Oliven grün
Orange abgeriebene Schale
Orange getrocknete Schale
Orange Schale
Orangenblüten
Oregano frisch
Oregano getrocknet
Paprika (Rosenpaprika)
Paprika (süß)
Pastinake
Petersilie
Petersilienwurzel
Pfeilwurzelmehl
Pfifferlinge/Eierschwammerl
Pintobohnen gesprenkelt
Pistazien
Preiselbeermarmelade
Quargel 20%
Quinoa
Quitte
Radieschen
Reh Fleisch
Reis Basmatireis
Reis Duftreis
Reis Gaoliangreis (Sorghum)
Reis Klebreis
Reis Langkornreis
Reis Reisschleim
Reis Schwarzer
Reis Sorte beliebig
Reis Vollkorn
Reishi
Reismehl
Reisstärke
Rettich (weiß, grün, lila-rot)
Rettich Meerrettich (Kren)
Rettich schwarz
Rettichblätter (vom Wochenmarkt)
Rind (Kalb)
Rind Filet
Rind Fleisch
Rind Fleischknochen
Rind Herz
Rind Herz (Kalb)
Rind Knochenmark
Rind Leber
Rind Lunge (Kalb)
Rind Magen
Rind Ochsenschwanzstücke
Rind Suppenfleisch
Roggen
Roggen Vollkornbrot

Roggenmehl
Römersalat/Lattich-Salat
Rooibos
Rosenkohl
Rosinen
Rotbarsch
Rote Rübe
Rotkohl
Safran
Sago (Getreide)
Salbei
Salz
Salz Kräutersalz
Saubohnen (Dicke Bohnen)
Schafgarbentee
Schwarzaugenbohnen
Schwarze Bohnen
Schwarzer Fungu Pilz
Schwarzkümmel
Schwarzwurzel
Schwedenkraut (Schwedenbitter)
Sellerie Knolle
Senf
Senf Dijon
Senf mittelscharf
Senf süß
Senfsamen
Sesam Paste (Tahini)
Sesam, Schwarzer
Sesam, Weißer
Shiitake, getrocknet
Silbermorchel, getrocknet
Soja Cuisine (Soja-Sahne)
Sojabohne
Sojabohnen, Gelbe
Sojabohnen, Schwarze
Sojabohnen, Schwarze, fermentiert
Sojacreme
Sojapaste (Miso)
Sojasauce
Sonnenblumenkerne
Spargel (grün oder weiß)
Speiserüben
Spinat
Stangenbohnen (Fisolen)
Steinpilz/Herrenpilz
Sternanis
Süßwasserfisch
Tintenfisch
Traubenkernöl
Tsampa (geröstetes Gerstenmehl)
Umeboshipaste
Umeboshipflaumen (Japanaprikosen)
Vanille

Vanillepulver
Vanilleschote
Vanillezucker natur
Vogerlsalat (Pflücksalat)
Wacholderbeere
Wachskürbis
Wachtel
Wachtel Ei
Wakame
Wasser
Wasser heiss
Weiße Bohnen

Weißfischchen
Weißkohl/Weißkraut
Wirsing/Grünkohl
Ysop
Zitrone Schale
Zitronenmelisse (frisch)
Zitronenmelisse (getrocknet)
Zucchini
Zwiebel Frühlingszwiebel
Zwiebel rot
Zwiebel Schalotte
Zwiebel weiss

6.3 Zutaten verwenden: wenig

Aprikose
Austernpilze
Backpulver
Bärlauch (Knoblauchspinat)
Birne
Birnensaft
Bohnenöl
Borretschöl
Bratöl
Brombeermarmelade
Brösel (Weizenbrot, Semmel)
Brot mit Johannisbrotkernmehl
Dashi
Datteln getrocknet
Datteln rot
Distelöl
Dulse (Lappentang)
Erdnuss (geröstet)
Erdnussbutter
Erdnüsse
Erdnussöl
Fischsouce
Forelle (geräuchert)
Gänseei
Gelatine weiss
Getreidekaffee
Graskarpfen
Hafer Milch
Hirsch Fleisch
Hirsch Knochen
Huhn Herz
Huhn Leber
Huhn Magen
Ingweröl
Johannisbeermarmelade (rot)
Johannisbeermarmelade (schwarz)
Johannisbeernektar (schwarz)
Kaffeeweißer
Kapern (eingelegt)

Kastanien (Maronen)
Kirsche
Kirsche (sauer)
Kirschsaft
Klementine
Kokosflocken
Kokosmilch
Kokosnussfleisch
Kokosraspeln
Korinthen (rot)
Korinthen (schwarz)
Kürbis
Kürbiskernöl
Leinöl
Leinsamen
Leinsamen (geschrotet)
Makrele
Malz
Mandelmilch
Mandelmus
Mandeln Marzipan
Mangosaft
Maniokmehl
Margarine
Margarine (Diät)
Marillensaft
Mayonnaise 50%
Mittelmeerfisch (Kabeljau, Scholle,
Schellfisch, Seeaal, Makrele)
Muskatnuss
Nachtkerzenöl
Nektarine
Obstmischung Fruchtsaft
Okra
Olivenöl
Orangenmarmelade
Paprika
Pfeffer weiss (gemahlen)
Pfirsich

Pfirsich (Dose)
Pinienkerne
Prosecco
Pute Brustfleisch
Pute Schinken
Rapsöl
Reis Roter
Reis Süßer
Reismalz
Reisnudeln
Rind Niere
Rosenpaprika
Rosenpaprika Pulver
Rum
Sahne 10% Kaffeesahne
Sahne sauer 10%
Sake
Schmelzkäse 12%
Schwein Darm
Schwein Fleisch
Schwein Hirn
Schwein Schinken gekocht
Sesamöl
Sesamöl geröstet
Shrimps
Sojaöl
Sonnenblumenöl
Stevia (Süßkraut)

Süßkartoffel
Tonicwasser
Trauben rot
Trauben weiß
Traubensaft rot
Traubensaft weiß
Walderdbeeren
Walnüsse
Walnüsse geröstet
Walnussöl
Weißbrot Brösel (Weizenbrot)
Weizenkeimöl
Wildkräuter
Wildschwein Fleisch
Yamswurzel, Yamswurzelknolle
Zucker (Staubzucker)
Zucker (weiß, aus Rüben)
Zucker braun
Zucker Fructose Fruchtzucker
Zucker Glukose Traubenzucker
Zucker Kandis weiß
Zucker Melasse
Zucker Milchzucker
Zucker Palmzucker
Zucker Ursüße (Zuckerrohr)
Zuckerersatz (Süßstoff)

6.4 Kontraindikativ wirkende Lebensmittel nicht verwenden

Aal
Aal geräuchert
Ahornsirup
Ananas
Ananas (aus der Dose)
Ananassaft ungezuckert
Andornkraut
Apfel (sauer)
Aprikose getrocknet
Aprikosen Marmelade
Aprikosennektar
Bambussprossen
Banane
Banane Kochbanane
Bärentraubenblätter
Bier (alkoholarm)
Bier (alkoholfrei)
Bier (Altbier)
Bier (Pils)
Bitterlikör
Brombeere
Brötchen (Semmel)

Buchweizen (geröstet) Kasha
Bulgur (Getreide)
Butter (halbfett)
Butter Bio
Buttermilch
Butterschmalz
Camembert
Chili (Schote oder gemahlen)
Clementinen
Colagetränk
Colagetränk (kalorienarm)
Couscous
Creme fraîche
Dinkel
Dinkel Brot
Dinkel Flocken
Dinkel Gries
Dinkel Vollkornmehl
Edamer
Emmentaler
Erdbeere
Erdbeermarmelade

Erdbeersaftgetränk
Essig (Apfelessig)
Essig (Rotweinessig)
Essig Aceto Balsamico
Essig Aceto Balsamico weiss
Essiggurke
Feldsalat
Feta
Frischkäse
Frischkäse mit Kräuter
Fruchtzucker (Fruktose,
Traubenzucker)
Gorgonzola
Gouda
Granatapfel
Grundrezept für eine Hühnerbrühe
wärmend
Grundrezept für eine Reissuppe
(Congee)
Grundrezept für eine Rinderbrühe (klar)
Grünkern
Gurke (bitter)
Gurke (Gewürzgurke)
Hagebutte
Hagebuttentee
Haifisch
Hammel
Heidelbeere
Heidelbeere getrocknet
Heidelbeermarmelade
Heidelbeersaft
Hering
Himbeere
Himbeere getrocknet (unreife)
Himbeermarmelade
Hirsch Nieren
Honig
Honigmelone
Honigwein (Met)
Huhn Ei
Huhn Eiweiß
Hummer
Hüttenkäse
Ingwer Pulver
Joghurt (natur, 1,5 % Fett)
Joghurt (natur, 3,5 % Fett)
Joghurt Vanille
Kabeljau
Kaffee
Kakao
Kamille
Kefir
Kirschenkompott
Kiwi

Knäckebrot
Knoblauch
Kopfsalat
Krabbe
Kudzu
Kuhmilch (1,5 % Fett)
Kuhmilch (Vollmilch 3,5 % Fett)
Kumquat
Kurkuma (Gelbwurz)
Lamm Fleisch
Lamm Knochen
Lamm Leber
Lamm Nieren
Lamm Schulter
Languste
Laugengebäck
Longane
Lychee
Lychee (Konserve)
Lycheelikör
Magermilchpulver
Malventee
Malzbier
Mandarine
Mango
Mangopulver
Martini
Maulbeerfrucht
Mayonnaise 80%
Meeräsche
Mehrkornbrot (Graubrot)
Melisse
Mirabelle
Mohn
Molke
Mozzarella
Müsli
Nudeln (Vollkorn) mit Ei
Nudeln (Weizen) mit Ei
Nudeln (Weizen, Bandnudeln) mit Ei
Nudeln (Weizen, Lasagneblätter) mit Ei
Nudeln (Weizen, Spagetti) mit Ei
Orange
Orangensaft
Papaya
Parmesan
Peperoni
Peperoni, gelb, entkernt, halbiert
Peperoni, rot, entkernt, halbiert
Pfeffer Cayenne
Pfeffer Körner
Pfefferminze
Pfefferminztee
Pflaume

Pflaume getrocknet
Piment
Preiselbeere
Preiselbeersaft
Puddingpulver Vanille
Pumpernickel
Rhabarber
Rote Grütze (ohne Zucker)
Rotwein
Sahne sauer 20%
Sahne sauer 30%
Sahne, süß 30%
Sanddorn
Sardellen/Sardine
Sauerampfer
Sauerkirsche
Sauerkraut
Sauermilch
Sauerrahm (Schmand) 30% Fett
Sauerrahm 15% Fett
Sauerteig
Schaffleisch
Schafmilch Joghurt
Schafskäse
Schafsmilch
Schimmelkäse
Schlagobers (30 % Fett)
Schmelzkäse 30%
Schnaps
Schokolade
Schokolade (Diabetiker)
Scholle
Schwarztee
Schwein Bratwurst
Schwein Fett
Schwein Haut
Schwein Haxe (Eisbein)
Schwein Herz
Schwein Leber
Schwein Lunge
Schwein Magen
Schwein Markknochen
(Röhrenknochen)
Schwein Mettwurst
Schwein Nieren
Schwein Schinken

Schwein Schinken geselcht
Schwein Schinkenspeck
Schwein Schmalz
Stachelbeere
Tabasco
Thunfisch
Toastbrot (Vollkorn)
Tomate
Tomate getrocknet
Tomatenmark
Tomatenpüre
Tomatensaft
Topfen 20%
Topfen 40%
Vollkornbrot
Vollkornbrot mit ganzen Körner
Vollkornmehl
Weißbrot (Weizenbrot)
Weißbrot Baguette
Weißbrot Knödelbrot (Weizenbrot)
Weißbrot Salzstangerl
Weißbrot Semmel
Weißwein
Weizen
Weizen Bier
Weizen Bulgurweizen
Weizen Fladenbrot
Weizen Flocken
Weizen Gries
Weizen Gries - Kindergries
Weizen Mehl
Weizen Mehl Vollkorn
Weizen/Roggen Grau- Schwarzbrot mit Hefe
Weizenkleie
Yogitee
Ziege
Ziegen- und Schafsmilch
Ziegenkäse
Zimtpulver
Zimtstange
Zitrone
Zitrone Saft
Zitrone, Limette
Zwetschken
Zwieback

7 Komplementär

7.1 Bärentraubenblätter

7.2 Ampfer

Zubereitung: Verschiedene Möglichkeiten
Wirkung: Beseitigt Feuchte-Hitze, leitet Hitze-Toxine aus, reguliert Leber-Qi und Darm-Qi, leitet Wind-Kälte und Hitze-Nässe aus.
Dosierung: Übergießen Sie frische oder getrocknete Blätter mit Wasser und lassen sie mindestens zehn Minuten ziehen.
Hinweis: Nicht verwenden in der Schwangerschaft und Stillzeit.

7.3 Bad mit Rosmarin

Zubereitung: Heilbad
Wirkung: Tonisiert das Yang der Mitte und der Niere sowie das Nieren-, Herz-, Lungen- und Milz-Qi, bewegt sanft Leber-Qi, leitet Wind-Kälte-Feuchtigkeits-Stagnation aus, wirkt mild bei Blut-Stagnation, tonisiert das Herz-Blut.
Dosierung: 1 Säckchen mit ca. 5g Rosmarin. Bad einlassen und ein zugebundenes Stoffsäckchen mit dem Rosmarin in das Wasser geben und 10 Minuten ziehen lassen. Das Säckchen kann mehrmals ausgedrückt werden bevor man es herausnimmt.
Hinweis: Vorsicht in der Schwangerschaft – hat eine anregende Wirkung auf die Gebärmutter.
Vorsicht bei Yin-Mangel.

7.4 Birkenblätter

Zubereitung: Heil-Tee (Aufguss)
Wirkung: Leitet Feuchtigkeit aus, kühlt Feuchte-Hitze in der Blase. Hitze kühlend bei Bi-Syndromen mit Wind, Feuchtigkeit.
Dosierung: 2 EL zerkleinerte Birkenblätter mit 250 ml kochendem Wasser übergießen, 10 Minuten ziehen lassen. Danach absieben.
Trinken Sie davon eine Tasse pro Tag.

7.5 Gänsefingerkrautwurzel

Zubereitung: Heil-Tee (Aufguss)
Wirkung: Reguliert und bewegt Qi-Stagnation der drei Erwärmer,
adstringierend, stillt Blut, klärt Hitze, leitet Feuchte-Hitze aus.
Dosierung: 5-10g getrocknete Blätter auf 1 Liter Wasser.

7.6 Goldrutenkraut

Zubereitung: Heil-Tee (Aufguss)
Wirkung: Zerstreut Feuchtigkeit. Reguliert Blasen-Qi, leitet Feuchte-Hitze
aus.

7.7 Heidelbeeren Blätter

Zubereitung: Heil-Tee (Aufguss)
Wirkung: Leitet Feuchte-Hitze aus den Därmen, unterstützt Milz-Qi, leitet
Feuchte-Hitze der Blase ab, unterstützt Nieren-Qi und Blasen-Qi.
Dosierung: 5-10g Blätter auf 1 Liter Wasser.

7.8 Maisbart

Zubereitung: Heil-Tee (Aufguss)
Wirkung: Leitet Feuchte-Hitze aus der Blase, leitet ab und klärt Leber und
Gallenblase. Reguliert Blasen-Qi, diuretisch.
Dosierung: 10-30 g

8 Grundlagen der Ernährung

Die hier beschriebenen Grundlagen der Ernährung zeigen allgemeine Empfehlungen und beziehen sich nicht auf eine spezielle Therapieform. Die Empfehlungen der Therapie haben Vorrang.

8.1 Ernährung

Die regelmäßige Einnahme von Mahlzeiten in entspannter Atmosphäre. Ein wärmendes Frühstück gilt als guter Start in den Tag. Mittags sollte die Hauptmahlzeit stattfinden - das Abendessen am frühen Abend.

Die Beachtung von Hunger- und Sättigungsgefühlen: Nicht überessen und nicht hungern, so lautet die Regel.

Die frische Zubereitung der Speisen aus naturbelassenen, regionalen Produkten. Tiefgekühlte, hitzekonservierte, industriell vorgefertigte oder mikrowellengegarte Lebensmittel werden abgelehnt.

Die Auswahl von Lebensmittel nach der Jahreszeit: Im Sommer mehr kühlende Nahrung, im Winter mehr wärmende Nahrung.

Mindestens zweimal am Tag Gekochtes essen. Speisen und Getränke sollen möglichst handwarm, niemals eiskalt oder heiß sein.

Rohkost, kurz gegartes Gemüse, frisch gepresste Säfte und Mineralwasser werden üblicherweise nicht empfohlen. Milch und Milchprodukte stehen nur dann auf dem Speiseplan, wenn sie problemlos vertragen werden.

Therapeutische Rezepte nicht über einen längeren Zeitraum ohne Rücksprache mit dem Arzt oder Therapeuten einnehmen.

1. Vielseitig essen
Lebensmittelvielfalt genießen. Merkmale einer ausgewogenen Ernährung sind abwechslungsreiche Auswahl, geeignete Kombination und angemessene Menge nährstoffreicher und energiearmer Lebensmittel. (Einerseits Schutz vor Unterversorgung mit essentiellen Nährstoffen und andererseits Schutz vor einer überhöhten Zufuhr unerwünschter Inhaltsstoffe.)

2. Reichlich Getreideprodukte - und Kartoffeln
Brot, Nudeln, Reis, Getreideflocken (am besten aus Vollkorn), sowie

Kartoffeln enthalten kaum Fett, aber reichlich Vitamine, Mineralstoffe, Spurenelemente sowie Ballaststoffe und sekundäre Pflanzenstoffe. Diese Lebensmittel sollten mit möglichst fettarmen Zutaten verzehrt werden.

3. Gemüse und Obst - Nimm "5" am Tag ...

5 Portionen Gemüse und Obst am Tag, möglichst frisch, nur kurz gegart, oder auch eine Portion als Saft – idealerweise zu jeder Hauptmahlzeit und auch als Zwischenmahlzeit: Damit werden reichlich Vitamine, Mineralstoffe sowie Ballaststoffe und sekundären Pflanzenstoffe (z.B. Carotinoiden, Flavonoiden) zugeführt. Das Beste, was man für die eigene Gesundheit tun kann.

4. Täglich Milch und Milchprodukte, ein- bis zweimal in der Woche

Fisch; Fleisch, Wurstwaren sowie Eier in Maßen. Diese Lebensmittel enthalten wertvolle Nährstoffe, wie z.B. Calcium in Milch, Jod, Selen und Omega-3-Fettsäuren in Seefisch. Fleisch ist wegen des hohen Beitrags an verfügbarem Eisen und an den Vitaminen B1, B6 und B12 vorteilhaft. Mengen von 300 - 600 g Fleisch und Wurst pro Woche reichen hierfür aus. Fettarme Produkte bevorzugen, vor allem bei Fleischerzeugnissen und Milchprodukten.

5. Wenig Fett und fettreiche Lebensmittel

Fett liefert lebensnotwendige (essenzielle) Fettsäuren und fetthaltige Lebensmittel enthalten auch fettlösliche Vitamine. Fett ist besonders energiereich, daher kann zu viel Nahrungsfett Übergewicht fördern, möglicherweise auch Krebs. Zu viele gesättigte Fettsäuren fördern langfristig die Entstehung von Herz-Kreislauf-Krankheiten. Pflanzliche Öle und Fette bevorzugen (z.B. Raps-, Oliven- und Sojaöl und daraus hergestellte Streichfette). Auf unsichtbares Fett achten, das in Fleischerzeugnissen, Milchprodukten, Gebäck und Süßwaren sowie in Fast-Food- und Fertigprodukten meist enthalten ist. Insgesamt 70 - 90 Gramm Fett pro Tag reichen aus.

6. Zucker und Salz in Maßen

Nur gelegentlich Zucker und Lebensmittel, bzw. Getränke verzehren, die mit verschiedenen Zuckerarten (z.B. Glucose Sirup) hergestellt wurden. Kreativ mit Kräutern und Gewürzen und wenig Salz würzen. Jodiertes Speisesalz bevorzugen.

7. Reichlich Flüssigkeit

Wasser ist absolut lebensnotwendig. Jeden Tag rund 1-2 Liter Flüssigkeit trinken. Wasser (ohne oder mit Kohlensäure) und andere kalorienarme Getränke bevorzugen. Alkoholische Getränke sollten nicht konsumiert werden.

8. Schmackhaft und schonend zubereiten
Die jeweiligen Speisen bei möglichst niedrigen Temperaturen garen, soweit es geht kurz, mit wenig Wasser und wenig Fett - das erhält den natürlichen Geschmack, schont die Nährstoffe und verhindert die Bildung schädlicher Verbindungen.

9. Sich Zeit nehmen und das Essen genießen
Bewusstes Essen hilft, richtig zu essen. Auch das Auge isst mit. Sich beim Essen Zeit lassen. Das macht Spaß, regt an, vielseitig zuzugreifen und fördert das Sättigungsempfinden.

10. Auf das Gewicht achten und in Bewegung
Ausgewogene Ernährung, viel körperliche Bewegung und Sport (30 bis 60 Minuten pro Tag) gehören zusammen. Mit dem richtigen Körpergewicht fühlt man sich wohl und fördert die Gesundheit.
Thermik, Wirkrichtung, Verdauungskraft
Es gibt unterschiedliche Kriterien, die Wirksamkeit von Kräutern und Lebensmittel zu beurteilen. Der Einsatz der Kräuter und Zutaten basiert auf Beobachtung, was die Lebensmittel, Kräuter und Gewürze nach ihrem Verzehr im Körper bewirken. In der Medizin hat sich daraus folgendes System entwickelt: Jede Zutat oder Kraut hat eine Wirkrichtung. Außerdem gibt es noch Kräuter, die eine besondere Wirkung auf bestimmte Organe haben.

Voraussetzung für einen gesunden Stoffwechsel ist es, darauf zu achten, dass wir ausreichend Energie aus der Nahrung gewinnen und der Verdauungsprozess so wenig Energie wie möglich verbraucht. Eine bekömmliche Mahlzeit macht zufrieden und satt, verursacht keine Blähungen und keine Müdigkeit nach dem Essen. Richtiges Würzen erhöht die Bekömmlichkeit unserer Speisen. Es genügen oft schon geringe Mengen an Kräutern und Gewürzen. Sie dienen nicht dazu, uns satt zu machen, sondern helfen unseren Verdauungsorganen, die Nahrung zu verdauen.

8.2 Rezepte

Die Rezepte zeigen Ihnen welche Zutaten verwendet werden sowie mit der Kochanleitung wie diese zubereitet werden. Bei den Zutaten wird neben den Mengenangaben auch die Wichtigkeit für die Therapie angezeigt. Wenn dabei angezeigt wird "weniger als angegeben" versuchen Sie diese Empfehlung einzuhalten oder eine Alternative aus der Liste der "Empfohlenen Lebensmittel" zu finden. Meistens ist es nur eine leichte geschmackliche Änderung wenn Sie diese Zutat gänzlich weglassen.

Schonende Kochmethoden: Kochen, dämpfen, pochieren, dünsten
Scharfe Kochmethoden: Grillen, rösten, anbraten, räuchern
Ausgeglichene Kochmethoden: Frittieren, Römertopf

Auf das Einfrieren und erwärmen in der Mikrowelle sollte verzichtet werden (Denaturierung).

8.3 Lebensmittel

Lebensmittel wirken wie Heilkräuter auf Körper und Geist, nur wesentlich sanfter. Die Ernährungsberatung stützt sich hauptsächlich auf heimische Lebensmittel. Das Wissen über die Wirkungsweisen jedes einzelnen Lebensmittels und das Wissen wann welche Lebensmittel zur Anwendung kommen, entstammt der Schulmedizin. Verwende Sie möglichst Erzeugnisse aus ökologischen-biologischem Landbau.

Da wegen der besseren Verdaulichkeit grundsätzlich alles lange gekocht und kaum roh gegessen wird, ist die Verträglichkeit hervorragend.

Die Einteilung der Lebensmittel entsprechend ihrer Wirkung auf den Körper und bildet die Basis, um einen ausgewogenen und harmonischen Gesundheitszustand im Körper zu erreichen.

Grundsätzlich empfiehlt die Ernährungsberatung keine bestimmten Lebensmittel für Jedermann. Ausschlaggebend für den individuellen Speiseplan ist vor allem die persönliche Konstitution.

Kaufen Sie nur frisches und reifes Obst und Gemüse ein. Braune Stellen, welke Blätter aber auch unreifes Obst und Gemüse sollten Sie im Supermarkt zurücklassen. Greifen Sie dann zu Tiefkühlware (keine Fertiggerichte!). Tiefkühlobst und -gemüse werden kurz nach dem Ernten schockgefroren und enthalten deshalb oftmals mehr Vitamine und Mineralstoffe, als die Ware aus der Obst- und Gemüsetheke! Konserven- und Dosenware dagegen enthält wesentlich weniger Biostoffe. Zudem werden Letztere meist mit Salz, Zucker usw. angereichert. Lassen Sie die Zutaten nach dem Waschen nie im Wasser liegen, denn so gehen viele Vitalstoffe ins Wasser über! Putzen Sie Salate, Früchte und Gemüse erst unmittelbar vor Verzehr.

Beachten Sie bitte die hygienische Verarbeitung der Lebensmittel. Waschen Sie Ihre Salate, Früchte und Gemüse gründlich. Bei Gerichten mit Fleisch bereiten Sie zuerst die Zutaten vor und verarbeiten dann die Fleischprodukte. Reinigen Sie danach die Arbeitsflächen und Werkzeuge besonders gründlich. Holzunterlagen sollten regelmäßig mit leichtem Desinfektionsmittel behandelt werden um die Keimbildung einzuschränken.

Bewahren Sie Obst und Gemüse möglichst getrennt voneinander auf. Auch geerntete Früchte und Gemüse leben und strömen z.b. Ethylengas aus, das andere Sorten schneller reifen und altern lässt. Fleisch und Fisch in der verschlossenen Verpackung lassen oder in luftdichten Boxen im Kühlschrank aufbewahren.

8.4 Kräuter

Bei der Aufbewahrung und Lagerung von Heilkräutern, müssen gewisse Grundregeln beachtet werden. Grundsätzlich müssen Heilkräuter geschützt vor direkter Sonneneinstrahlung, vor Feuchtigkeit und vor heißen Temperaturen gelagert werden.

Als Gefäße für die Lagerung von Heilkräutern können Gläser, Keramik-Behälter und zur Not auch Plastik-Dosen eingesetzt werden. Plastik ist aber ein sehr unreines Material und sollte daher wirklich nur eine kurzfristige Notlösung sein. Bei Glasbehältern ist darauf zu achten, dass dunkles Glas verwendet wird.

Heilkräuter können nicht beliebig lange aufbewahrt werden. Die Haltbarkeit von Heilkräutern ist auf jeden Fall begrenzt. Durch die Haltbarkeitsdauer kann durch sachgerechte Lagerung wesentlich erhöht werden. So soll der Lagerplatz dunkel, eher kühl und absolut trocken sein. Ein Medizinschrank aus Holz, der nicht direkt bei einer Wärmequelle platziert ist wäre ideal. Um Ihre Heilkräuter nicht wegwerfen zu müssen, kaufen Sie nicht zu große Mengen an Heilpflanzen. Beschriften Sie die Behälter mit dem Namen des Heilkrauts und dem Datum der Ernte bzw. der Verarbeitung.

9 Weitere Ernährungsvorschläge

Folgende Syndrome der Diätetik, der TCM oder als Therapieergänzung bei Krebs sind verfügbar.

DIÄTETIK

1. Ernährung des Säuglings - Beikost
2. Ernährung in der Stillzeit
3. Ernährung im Alter
4. Ernährung von Kindern und Jugendlichen
5. Ernährung von Sportlern
6. Leichte Vollkost
7. Schwangerschaft
8. Vollkost

Eiweiß und Elektrolyt – Nieren
9. (Hämo-)Dialysebehandlung
10. Akutes Nierenversagen
11. Chronische Niereninsuffizienz
12. Nephrotisches Syndrom
13. Nierensteine (Nephrolithiasis)

Gastrointestinaltrakt - Bauchspeicheldrüse
14. Akute Pankreatitis (Entzündung der Bauchspeicheldrüse)
15. Chronische Pankreatitis (Entzündung der Bauchspeicheldrüse)

Gastrointestinaltrakt - Dünndarm und Dickdarm
16. Akute Obstipation (Verstopfung)
17. Chronische Obstipation (Verstopfung)
18. Colon irritabile
19. Divertikulitis
20. Erworbene Laktoseintoleranz (Laktosemalabsorption)
21. Fruktosemalabsorption
22. Glutensensitive Enteropathie (Zöliakie)
23. Kolektomie
24. Kurzdarmsyndrom

Gastrointestinaltrakt - Leber, Gallenblase, Gallenwege
25. Akute und chronische Hepatitis (Entzündung der Leber)
26. Cholelithiasis (Gallensteine)
27. Fettleber
28. Leberzirrhose

Gastrointestinaltrakt - Magen und Zwölffingerdarm
29. Akute Gastritis
30. Chronische Gastritis
31. Magenblutung
32. Ulcus ventriculi und Ulcus duodeni
33. Zustand nach Magenoperation

Gastrointestinaltrakt - Mundhöhle und Speiseröhre
34. Mundschleimhautentzündung
35. Ösophaguskarzinom (Speiseröhrenkrebs)
36. Reflüxösophagitis (Sodbrennen)

spezielle Krankheiten
37. Phenylketonurie (PKU)
38. Rheumatische Gelenkserkrankungen

Stoffwechsel
39. Adipositas (Übergewicht)
40. Diabetes mellitus
41. Essstörungen (Untergewicht)
Fettstoffwechsel
42. Hypercholesterinämie (erhöhter Cholesterinspiegel)
43. Hepatische Enzephalopathie
Herz- und Kreislauf
44. Arteriosklerose (Arterienverkalkung)
45. Herzinsuffizienz
46. Hypertonie (Bluthochdruck)
47. Hyperurikämie und Gicht
veränderter Nährstoffbedarf
48. bei Fieber
49. bei malignen Erkrankungen
50. nach Verbrennungen
51. Strahlen- und Chemotherapie

KREBS
100. Bauchspeicheldrüse
101. Blasenkrebs
102. Blutkrebs (Leukämie)
103. Brustkrebs
104. Darmkrebs
105. Magenkrebs
106. Nierenkrebs
107. Speiseröhrenkrebs

TCM
200. Blase - Feuchte Hitze in der Blase
201. Blase - Feuchtigkeit und Kälte in der Blase
202. Blase - Leere und Kälte in der Blase
203. Dickdarm - äussere Kälte befällt den Dickdarm
204. Dickdarm - Feuchte Hitze im Dickdarm
205. Dickdarm - Hitze blockiert den Dickdarm II akut
206. Dickdarm - Trockenheit des Dickdarms
207. Dickdarm - Yang Mangel (Kälte)
208. Herz - Blut Mangel
209. Herz - Blut Stagnation
210. Herz - Feuer
211. Herz - Heisser Schleim verstopft die Herzporen
212. Herz - Kalter Schleim verstopft die Herzporen
213. Herz - Qi Mangel
214. Herz - Yang Mangel
215. Herz - Yin Mangel
216. Leber - aufsteigender Leber-Yang
217. Leber - Blut-Mangel
218. Leber - Blut-Stagnation
219. Leber - feuchte Hitze in Leber und Gallenblase
220. Leber - Feuer
221. Leber - Gallenblase Qi-Leere
222. Leber - Kälte im Lebermeridian
223. Leber - Qi-Stagnation

224. Leber - Wind
225. Leber - Wind mit aufsteigendem Leber Yang
226. Leber - Wind mit Blutleere
227. Leber - Wind mit extremer Hitze
228. Lunge - Qi Mangel
229. Lunge - Schleim-Feuchtigkeit in der Lunge
230. Lunge - Schleim-Hitze in der Lunge
231. Lunge - Schleim-Kälte in der Lunge
232. Lunge - Trockenheit der Lunge
233. Lunge - Wind-Hitze befällt die Lunge
234. Lunge - Wind-Kälte befällt die Lunge
235. Lunge - Yin Mangel
236. Magen - Blutstagnation
237. Magen - Feuer
238. Magen - Magenkälte mit Flüssigkeit
239. Magen - Nahrungsstagnation
240. Magen - Qi Mangel
241. Magen - rebellierendes Magen Qi
242. Magen - Yin Leere
243. Milz - Hitze und Feuchtigkeit befällt die Milz
244. Milz - Kälte und Feuchtigkeit befällt die Milz
245. Milz - Qi Mangel
246. Milz - Qi Mangel + Absinkendes MilzQi
247. Milz - Qi Mangel + Milz kontrolliert das Blut nicht
248. Milz - Yang Mangel
249. Niere - Herz und Niere kommunizieren nicht mehr
250. Niere - Jing Mangel
251. Niere - Nieren können das Qi nicht empfangen
252. Niere - Qi ist nicht fest
253. Niere - Yang Mangel
254. Niere - Yin Mangel

10 EBNS - Software für die Ernährungsberatung

Die Hauptaufgabe der Datenbank ist eine **„personalisierte Ernährungsberatung"** für jeden Patienten individuell. Die Datenbank wurde für die Diätetik und Traditionellen Chinesischen Medizin entwickelt. Sie unterstützt bei der Ausbildung und Beratung im Arbeitsalltag.

Das Computerprogramm liefert Listen von Rezepten, Zutaten und Kräuter, welche dem Klienten mitgegeben werden. Individuell nach Patienten-Wunsch von Vollkost bis Vegetarier (Lacto-, Ovo-, ...) einstellbar. Zu jedem Register gibt es ein INFOBLATT welches einmal dem Klienten mitgegeben werden kann.

Die Syndrome sind kombinierbar und ergeben eine Schnittmenge der empfehlenswerten Rezepte und Zutaten. Die automatisierte Diagnose für die TCM ermöglicht Ihnen während der Ausbildung Ihre Erfahrungen zu überprüfen sowie im Arbeitsalltag ihre Diagnose zu bestätigen. Sie wählen mehrere vordefinierte Symptome und lassen sich vom Programm die relevanten Syndrome automatisch anzeigen.

Wie Sie mit der Datenbank arbeiten können:
Sie können alle Werte verändern, neue Symptome oder Syndrome anlegen, Rezepte entwickeln, verändern oder Zutaten und Kräuter an Ihre Erkenntnisse anpassen. In der einfachen Klientenverwaltung werden alle relevanten Daten zu der Person gespeichert. Sie bekommen einen Überblick über die zurückliegenden Diagnosen und die Entwicklung des Krankheitsverlaufes.

Als Berater sparen Sie viel Zeit, wenn Sie für die erkannten Syndrome die Rezept-, Lebensmittel- und Kräuterlisten ausdrucken und den Klienten mitgeben. Diese Zeit können Sie für das persönliche Gespräch nutzen.

Alle Rezept- und Lebensmittellisten können Sie auch als Kombination mehrerer Erkrankungen bestellen. Mit der Datenbank können Sie außerdem für jedes Rezept die Nährstoffe und Spurenelemente angezeigt bekommen und Rezepte für Syndrome selbst mit vorgeschlagenen Zutaten entwickeln.

Weitere Informationen finden Sie auf http://www.ebns.at.
Josef Miligui, Tel.: +43 660 12 10 500